Ava Minatti

Lady Nada:
Die Antwort ist Liebe!

Smaragd Verlag

Bitte fordern Sie unser kostenloses Verlagsverzeichnis an:

Smaragd Verlag e.K.
Neuwieder Straße 2
D-56269 Dierdorf
Tel.: 02689-92259-10
Fax: 02689-92259-20
E-Mail: info@smaragd-verlag.de
www.smaragd-verlag.de

Oder besuchen Sie uns im Internet unter der obigen Adresse und melden Sie sich für unseren Newsletter an.

Deutsche Erstausgabe: November 2015
Dritte Auflage: Mai 2016

Umschlaggestaltung: preData
Satz: preData
Printed in Czech Republic
ISBN 978-3-95531-131-5

Inhalt

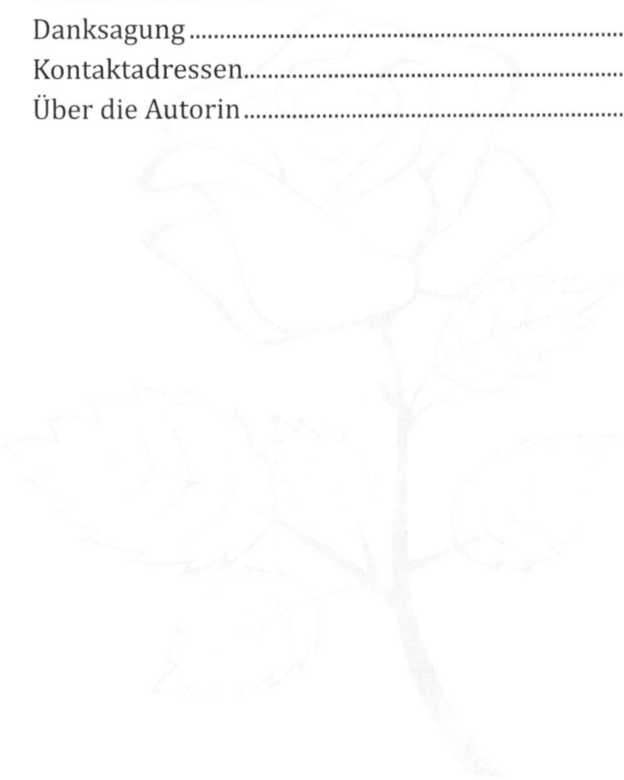

Nada

Nada ist eine Aufgestiegene Meisterin, die zur Weißen Bruder- und Schwesternschaft gehört. Die Wesen dieser Gemeinschaft begleiten und unterstützen uns schon sehr lange. Da sie alle Erdeninkarnationen hatten, können sie uns Menschen gut verstehen und empfinden für uns eine tiefe Liebe. Jedes Mitglied der geistigen Hierarchie verkörpert bestimmte Qualitäten, die es für uns, auf unserem eigenen Weg der Meisterschaft, zu entwickeln gilt. Sie sind uns vorausgegangen, und wir folgen ihnen. Wir können sie als Vorbilder bezeichnen und auch als Archetypen, die in uns leben und wirken.

Mit Nada begegnen wir der Hüterin des rubinrotgoldenen Strahls. Es ist der sechste der zwölf kosmischen Schöpferstrahlen, aus denen alles erschaffen wurde. Frühere Inkarnationen von Nada waren beispielsweise Maria Magdalena und Elisabeth von Thüringen. Nada bedeutet allerdings auch „Klang". Im Nada Yoga beispielsweise geht man davon aus, dass alles Vibration, Schwingung und Klang ist. Beim Praktizieren versucht der Yogi oder die Yogini, mit dem ewigen Klang der Schöpfung, der hinter den hörbaren Tönen ruht, aus dem alles Leben kommt und in den es wieder hineinfließt, eins zu werden. In der spanischen Sprache heißt „nada" „nichts". So können wir auch sagen, Nada ist der Urklang des Lebens, der aus dem Nichts und der Stille heraus erklingt und alles Leben erschaffen hat.

Nada bittet dich jetzt, kurz innezuhalten. Schließe für einen Moment deine Augen und atme tief ein und aus. Nimm auf deine eigene Art und Weise wahr, wie dich der rubinrotgoldene Strahl berührt und einhüllt. Lass dich dabei von seinem Licht, das bedingungslose Hingabe, Demut, Kraft, Liebe zum Leben, zur Materie und zur gesamten Schöpfung ist, durchströmen. Vielleicht kannst du dabei spüren, dass dir ganz warm ums Herz wird? Vielleicht fühlst du, dass dein Herz frei, leicht und weit wird und sich öffnet? Vielleicht bemerkst du, dass du mit Lebenskraft, die dich nährt, stärkt, auflädt oder ermutigt, erfüllt wirst? Vielleicht nimmst du die Gegenwart Nadas wahr, und du siehst, spürst, riechst, hörst oder schmeckst sie?

Bleibe mit deiner Aufmerksamkeit bei der Berührung durch den rubinrotgoldenen Strahl, so lange du möchtest. Atme tief ein und aus. Dann öffne deine Augen wieder und lies weiter.

Nada lädt dich ein, wann immer du dieses Büchlein in deinen Händen hältst, wahrzunehmen, dass dir das Licht des rubinrotgoldenen Strahls zufließt und dir alles, wofür er steht, schenkt. Wenn du es aufschlägst, stell dir vor, dass sich auf jeder Seite eine Rose für dich öffnet. Sie ist ein Symbol der bedingungslosen Liebe und verströmt deren reinen Duft. Vielleicht kannst du ihn, wann immer du die vorliegenden Botschaften liest, riechen?

Nada lächelt dir zu und sagt:

„Die Liebe ist die größte Macht. Sie vermag, alles zu heilen, zu formen und zu sein. Sie hat viele Gesichter. Gehe mit uns den Weg und entdecke dabei hinter jedem Wort, hinter jedem Schritt die reine, bedingungslose Liebe.

Wir sind Nada. Sei gesegnet. Amen.“

Einige Worte zum Thema Channeln

Bevor wir uns den Botschaften von Nada hingeben, möchte ich noch gerne einige Worte zum Thema Channeln sagen. Der Begriff heißt übersetzt „kanalisieren". Ein Medium kanalisiert also Energien und bringt sie auf die Erde. Im deutschsprachigen Raum nennen wir diese Menschen Botschafter, denn „Kanalarbeiter" oder „Kanalisator", was weitere stimmige und treffende Bezeichnungen wären, klingt irgendwie... hm... eigen. ☺

Der Mensch, der channelt, ist wie ein Gefäß, das mit verschiedenen Energien gefüllt werden kann. Wir teilen diese ein und sagen zu ihnen Engel, Aufgestiegene Meister und Meisterinnen, Naturwesen, Sternenwesen und -energien, Raumgeschwister, Wesen der solaren Bruder- und Schwesternschaft usw. Das Medium übersetzt die Schwingungen in gesprochene oder geschriebene Worte, Bilder oder Bewegungen. Es ist der Filter, durch den sich die feinstofflichen Ströme in die Materie ergießen. Deshalb hat jedes Channeling eine persönliche Note. Die Intention eines Botschafters, das heißt, seine Absicht, was er durch seine Übersetzungen vermitteln und bezwecken möchte, beeinflusst den Inhalt der Übermittlungen.

Channeln ist ein Akt der Hingabe, des Loslassens und des Sich-führen-Lassens. Die Geistige Welt löst nicht die Lernaufgaben, die ein Botschafter mit in sein Leben bringt. Die Verantwortung dafür bleibt ganz bei ihm. Deshalb hört die eigene, persönliche Weiterentwicklung niemals auf. Welche Wesen jemand kanalisiert, hängt mit seinem Seelenplan und seiner Grundschwingung (was ihm vertraut ist) zusammen. Wir gehen davon aus, dass Alles-was-ist aus der einen Quelle, die Vater-Mutter-Gott ist, entstammt und wir mit Allem-was-ist verbunden und eins sind. So sind auch die Wesen der Geistigen Welt ein Teil von uns und wir von ihnen. Daraus ergibt sich, dass wir uns beim Channeln sozusagen mit uns selbst „unterhalten" – mit einem Anteil von uns, der eine übergeordnete Sicht hat und deshalb größere Zusammenhänge erfassen kann. Jeder Mensch tauscht sich mit den feinstofflichen Ebenen aus, nur tun es manche bewusster als andere. Das ist der einzige Unterschied.

Nach zahlreichen Ausbildungen und Schulungen habe ich vor mehr als zwanzig Jahren damit begonnen, meine ersten Meditationsabende anzubieten. Seit achtzehn Jahren bin ich selbstständig und channele. Von Anfang an war Nada eine meiner vertrautesten Energien, die ihre Botschaften durch mich im Laufe der Zeit an unzählige Menschen weitergegeben hat. Deshalb freue ich mich, mit ihr gemeinsam dieses Büchlein entstehen lassen zu dürfen. Die Arbeit mit der Geistigen Welt bringt mich immer wieder ganz zu mir. Ich bin davon überzeugt, dass es unser größtes Abenteuer ist, uns selbst zu erforschen und dabei Stück für Stück feinere und subtilere Ebenen zu entdecken. Das finde ich spannend und wunderschön zugleich. Es wird nie langweilig, und unsere Reise in unser Innerstes, was gleichzeitig auch die Reise in das Zentrum unseres Universums ist, hört nicht auf. Die Kommunikation mit der Geistigen Welt begleitet uns dabei. Unsere feinstofflichen Geschwister laden uns ein, uns zu erkennen, und unterstützen uns, unser Potenzial zum Vorschein zu bringen, damit wir es wie ein einzigartiges Geschenk mit der Welt teilen können – und zwar nicht gestern oder morgen, sondern heute und im Hier und Jetzt.

Möge uns die Liebe des rubinrotgoldenen Strahls, möge uns die Liebe von Vater-Mutter-Gott allezeit segnen.

Viel Freude beim Lesen. Sei gesegnet. Amen.

Die Antwort ist Liebe

Wir sind Nada. Segen und willkommen, geliebte Tochter, geliebter Sohn des Lichts, die und der du uns bist. Das rubinrotgoldene Licht berührt und durchströmt dich. Es durchdringt dich und hüllt dich im Namen der Liebe ein. Der rubinrotgoldene Strahl hat die Antworten auf alle deine Fragen, die Lösung für alle deine Herausforderungen, seien sie persönlicher oder kollektiver Natur. Das Rubinrotgold ist die Antwort, denn es ist das Licht der Liebe. Die Antwort ist Liebe!

Wenn du dich heilen möchtest, die Welt verändern willst, anderen Menschen, Tieren und Pflanzen dienen möchtest, ist es die Liebe, die dieses wahrlich und wahrhaftig ermöglicht. Liebe lässt die Herzen heil sein, bringt Waffen, egal, in welcher Form, zum Schmelzen, verbindet und lässt die Kinder der Erde erkennen, dass sie Brüder und Schwestern sind. Liebe baut Brücken – Regenbogenbrücken. Regenbogenbrücken reichen nicht nur von Menschenherz zu Menschenherz, sondern sind Übergänge in andere Ebenen, Welten, Reiche und Dimensionen.

Wenn du mit jemandem über eine Regenbogenbrücke, die vom Herzen ausgeht und in ihm ankert, vernetzt bist, ist diese Verbindung ewig – durch alle Zeiten und Räume hindurch, vom Anfang bis in die Unendlichkeit. Eine Regenbogenbrücke ist ein Dimensionstor. Wann immer du eine Frage in dir trägst oder dir eine gestellt wird, sei dir bewusst: Die Antwort ist Liebe! Dann spürst du die Gegenwart des rubinrotgoldenen Strahls. Er ist in deinem Herzen, durch und um dich herum. Deine Christusrose, die ebenso Liebe ist, erblüht, und dadurch öffnet sich dein Herz.

Aus dem Zentrum der rubinrotgoldenen Rose beginnen sich die zwölf kosmischen Strahlen gleich einem erweiterten Regenbogen zu einen und strahlen aus. Dabei formen sie einen Bogen, eine Brücke. Diese Regenbogenbrücke reicht bis zur männlichen und weiblichen Schöpfer- und Schöpferinnenkraft, bis zu Vater-Mutter-Gott. Auf dem Weg dorthin berührt sie jene, die dir Fragen gestellt haben, sowie alles, was mit deren Beantwortung in Verbindung steht. So fließen dir die Antworten zu. Wenn es keine Fragen geben sollte, ist diese Brücke wie ein breiter Strom der allumfassenden, göttlichen Liebe, die zwischen den Herzen, die den Regenbogen halten, unaufhörlich strömt. Die Brücke bleibt aufrecht, außer du löst sie auf. Entweder bewusst, weil du es möchtest, oder weil du dich aus der Energie und somit aus dem Bewusstseinsfeld, dass die Antwort Liebe ist, herausbewegt hast.

Wir sind gekommen, um dich viele Regenbogenbrücken bauen zu lassen. Das Buch möchte dich unablässig daran erinnern, dass die Antwort Liebe ist. Wann immer du dich unwohl fühlst, dich sorgst oder Angst haben solltest: Die Antwort ist Liebe! Wenn du dir Frieden für die

Erde wünschst und dafür wirkst, dich engagierst und einsetzt: Die Antwort (und somit das Vorgehen und die Umsetzung) ist Liebe! Wenn dir Wut entgegenschlagen sollte: Die Antwort ist Liebe! Wenn dir Ungeduld, Schuldzuweisungen, Verzweiflung, Überforderungen, Andersartigkeit, Bewertungen und Energien der alten Zeit begegnen: Die Antwort ist Liebe!

Diese Zeilen sind eine Erinnerung daran. Aus der Liebe zu dir selbst schaffst du die Liebe zu Allem-was-ist. Aus dem Frieden in dir schaffst du Frieden in deinem Umfeld. Bewege die Wahrheit des rubinrotgoldenen Strahls in dir – immer und immer wieder. Verinnerliche seine Botschaft und wiederhole: „Die Antwort ist Liebe! Ich bin die Antwort! Ich bin Liebe!“, sooft, bis du es tief in deinen Zellen integriert und verinnerlicht hast, es dich erfüllt und aus dir strahlt, weil du es verkörperst. Wir danken dir. Wir begleiten dich. Die Antwort ist Liebe!

Wir sind Nada. Das rubinrotgoldene Licht segnet dich. Sei gesegnet. Jetzt und allezeit. Amen.

Du bist unendlich geliebt

Wir sind Nada. Segen und willkommen, geliebtes Kind des Lichts, das du uns bist. Das rubinrotgoldene Licht fließt in dein Herz und lässt es weit werden und sein. Erlaube dir, bewusst zu atmen und wahrzunehmen, wie sich die Liebe des rubinrotgoldenen Strahls in dir ausdehnt. Sie erfüllt dich – durch und durch. Wisse, dass du unendlich geliebt bist. Du bist ein Kind der Quelle, ein Kind von Vater-Mutter-Gott. Vater-Mutter-Gott liebt dich bedingungslos – genauso, wie du bist und mit allem, was zu dir gehört. Ein Vater und eine Mutter lieben ihr Kind ohne Wenn und Aber. Sie erkennen in ihm seine Einzigartigkeit und sein Potenzial und unterstützen es, um es selbst zu entdecken und zu entfalten.

Wir bitten dich jetzt, innezuhalten und zu spüren, dass du tief in das rubinrotgoldene Licht eingebettet bist. Darüber berühren dich nun Vater-Gott und Mutter-Gott. Du bist ihr Kind. Erlaube dir, Kind zu sein. Erlaube dir, das Kind der Quelle zu sein. Erlaube dir anzunehmen, dass du von Vater-Mutter-Gott versorgt, genährt, behütet und begleitet wirst. Wir wählen bewusst häufig den Begriff „erlauben", denn er lässt dich entspannen und öffnen, sodass du dich einlassen kannst. Er ermöglicht dir, dein „Müssen" loszulassen und einfach sein und empfangen zu dürfen.

Jetzt bade in der Gegenwart von Vater-Mutter-Gott. Sie schaukelt und wiegt dich und flüstert dir unablässig zu: „Du bist unendlich geliebt! Wir lieben dich bedingungslos! Du bist unsere Tochter, unser Sohn – jetzt und allezeit."

Atme tief ein und aus und verweile in diesem Austausch, in diesem Sein, solange du möchtest. Spüre, wie dadurch dein Vertrauen wächst und du gestärkt wirst. Nichts kann dich erschüttern. Allem kannst du begegnen, denn du bist in den Armen von Vater-Mutter-Gott geborgen. Das rubinrotgoldene Licht öffnet dir eine Tür zu ihrer Liebe. Vater-Mutter-Gott singt dir ein Lied, ein Liebeslied. Vater-Gott und Mutter-Gott singen über deine Leben, deine Schönheit, deine Sternenwege und deine Bestimmung. Es löst vieles in dir auf – alte Trauer und alter Schmerz werden von den Klängen weggespült. Nur die Liebe, die du in dir trägst, und die Liebe, die dich von außen berührt, bleiben. Du bist unendlich geliebt. Vater-Mutter-Gott ist mit dir, jetzt und allezeit.

Das rubinrotgoldene Licht fließt. Erlaube dir, in diesem Schwingungsfeld der Liebe immer und immer wieder zu sein – einfach zu sein. Hier brauchst du nichts zu leisten, nichts zu tun, nichts darzustellen – hier bist du einfach. Diese Liebe der Quelle ist dein Ursprung, deine Heimat, dein Zuhause, dein Ziel. Wir wissen, dass du weißt, dass du geliebt bist. Doch wir fragen dich: Kannst du auch fühlen, dass du geliebt, unendlich geliebt bist? Lausche dazu in dein Herz. Deine Christusgegenwart, die deine Sohn-Tochter-Energie ist, ankert hier. Wenn sie wach ist, fließt das rubinrotgoldene

Licht. Dann treten Vater-Gott und Mutter-Gott ein und flüstern dir zu: „Du bist unendlich geliebt! Wir lieben dich bedingungslos! Du bist unsere Tochter, unser Sohn – jetzt und allezeit." Sie wiegen und schaukeln dich. Es ist ein endloser Kreislauf der Liebe. Durchbrich ihn nicht, sondern sei Teil davon. So lausche in dein Herz und spüre. Spüre die Gegenwart von Vater-Mutter-Gott. Spüre den rubinrotgoldenen Strahl. Spüre: „Ich bin unendlich geliebt. Jetzt und allezeit."

Wir sind Nada. Sei gesegnet. Amen.

Demut ist der Mut, zu dienen – Demut ist Hingabe

Wir sind Nada. Segen und willkommen, geliebtes Kind des Lichts, das du uns bist. Wir möchten heute über den Mut, zu dienen zu dir sprechen, denn das ist die wahre Bedeutung des Wortes „Demut". In den Zeiten der nichtgeheilten Dualität und stark geprägt durch das Fischezeitalter wurde Demut häufig missverstanden und mit Selbstaufopferung gleichgesetzt. Doch Demut ist kein Ausdruck von Schwäche, sondern von Stärke. Wir möchten dir dieses erklären.

Wir sprachen davon, dass Liebe verschiedene Gesichter hat. Demut ist eins davon. Der rubinrotgoldene Strahl ist erfüllt von Kraft und Liebe. Daraus entsteht der Mut, zu dienen. Wem gilt es nun zu dienen? Die Antwort ist: der Quelle, dem göttlichen Ursprung, der sowohl in dir und in jedem einzelnen Lebewesen als auch im Außen sicht- und erfahrbar ist. Demut bedeutet also, der eigenen Seele, dem eigenen göttlichen Funken und dadurch der Quelle allen Seins, Vater-Mutter-Gott, zu dienen. Dazu braucht es Mut, denn es heißt, dass du dich auf dein ureigenes Wesen einlässt, es erfährst und ihm erlaubst, die Führung zu übernehmen. Du gibst dich also ganz deinem wahren Wesen hin. Dadurch darf deine Persönlichkeit mit all ihren Identifikationen nach hinten treten. Sie fügt sich deinem göttlichen Sein. Das ist Demut.

Wir möchten dich einladen, deinen Mut wachsen zu lassen, die Stimme deines Herzens, deiner Seele zu hören, ihr zu vertrauen, zu folgen und dich ihr hinzugeben. Je mehr Menschen demütig sind und ihrer inneren Führung dienen, umso deutlicher wird es auf der Erde sichtbar, dass ihr in einem Paradies des Lichts, des Friedens und der Liebe lebt. Dann ist kein Raum mehr für Streit oder Kampf. Das ist nur möglich, solange sich die Menschen ihrer göttlichen Führung widersetzen, was als Hochmut bezeichnet wird. In diesem Fall hat das „Ich" und alles, womit und worüber es sich definiert, die Leitung übernommen. Das hat auf Dauer keinen Bestand. Es vergeht. Denn nur das wahre Wesen und das, was es erschafft, fördert und ist, bleibt bestehen. Deshalb bitten wir dich, demütig zu sein und dich hinzugeben.

Wir laden dich ein, bewusst zu atmen und den rubinrot-goldenen Strahl fließen zu lassen. Er durchströmt dich und hüllt dich ein. Lenke deine Aufmerksamkeit auf dein Herz. Es weitet sich und dehnt sich aus. Es wandelt sich zu einem Rosengarten. Du kannst ihn betreten und in ihm sein. Der Duft der Rosen lässt deine Liebe zu Allem-was-ist wachsen. Erlaube dir, ganz in diesem wunderschönen Rosengarten zu sein. Erfasse ihn mit all deinen Sinnen. Bewege dich frei in diesem Garten und spüre seinen Zauber und seine Magie, die dich immer tiefer in ihn und das Wahrnehmen der Liebe hineinführen.

Nun kommst du zu einer besonderen Rose. Sie ist das Zentrum deines Herzens, in ihrer Mitte hütet sie dein wahres Wesen. Sie ist ein Symbol deiner Christuspräsenz. Du kannst sie berühren und dabei den Samt ihrer Blütenblätter fühlen. Die Rose öffnet sich und lässt ihr Innerstes, was dein Innerstes ist, sichtbar werden. Es ist wie ein strahlendes Licht, das heller als die Sonne leuchtet. Es ist allumfassend, ein Abbild der Quelle, pulsiert und ist reine schöpferische Lebenskraft.

Das Licht ist unendlich, ohne Anfang und ohne Ende. Es ist reines Sein. Dieses Licht, das Bewusstsein dieses Lichts, erhellt nun den gesamten Rosengarten. Dieser verändert sich dadurch – ein überirdischer Glanz durchströmt ihn und geht von ihm aus. Wir bitten dich, einfach zu beobachten und tief zu atmen, um die Ausdehnung anzunehmen und zu unterstützen. Das Licht durchwirkt dich, und du richtest dich ganz darauf aus. Alles ist dieses Licht. Alles, was weniger als das Licht ist, fällt ab. Deine Bedenken, Alltagssorgen und Ängste hören auf, zu sein. Es gibt nur noch dieses Licht. Das Licht, das du bist. Das Licht, das alles ist, was ist. Dieses Licht strahlt. Es ist dein Hohes Selbst, deine Seelenenergie. Sie durchdringt dich, und du bist eins mit ihr. Dieses Licht fließt – fließt unendlich. Aus diesem Fluss heraus entstehen Impulse und Antworten. Sie kommen nicht aus deinem Verstand, sondern aus diesem Lichtfluss, und du bist ein Teil dieses Flusses.

So steigen die Impulse tief aus deinem Inneren empor und möchten sich über dich zum Ausdruck bringen. Folge ihnen. Sie sind erfüllt von Liebe, Bedingungslosigkeit, Frieden, Freiheit und Weisheit. Gib dich ihnen hin. Lass dich von ihnen führen.

Obwohl du dich hingibst, bist du gleichzeitig präsent in deinem Körper, präsent im Hier und Jetzt. Denn das Licht durchwirkt die Gesamtheit der Materie, die du bist. Du bist kraftvoll, bewusst und voller Hingabe. Das geht Hand in Hand. Je mehr du versuchst, das Licht zu erfassen, je mehr du dich darauf einlässt und seinen Fluss weitest und ihm folgst, umso größer wird deine Demut.

Erlaube dir regelmäßig, gemeinsam mit dem rubinrotgoldenen Strahl, der die Kraft der Umsetzung, des Präsentseins im Hier und Jetzt in sich trägt, den Rosengarten aufzusuchen, die kostbare Blüte zu finden und sie zu öffnen. Gib dich ihrer Essenz hin und erweitere deine Demut. Wann immer du das tust, bestätigst du das Paradies auf Erden für dich und alles, was lebt. Wir danken dir. Wir lieben dich. Sei eins mit deinem Licht und hab den Mut, dich von ihm führen zu lassen und ihm zu dienen. Gib dich ihm hin.

Wir sind Nada. Wir segnen dich. Sei gesegnet. Jetzt und allezeit. Amen.

Bedingungslose Liebe beginnt bei dir selbst

Wir sind Nada, geliebtes Kind des Lichts, das du uns bist. Wir grüßen und segnen dich. Sei gesegnet. Ja, bedingungslose Liebe beginnt bei dir selbst beziehungsweise im Umgang mit dir selbst. Es heißt, dich selbst vollkommen anzunehmen und sein zu lassen. Es impliziert auch anzunehmen, dass du dich möglicherweise nicht ganz annehmen kannst. Ja zu sagen zu dir selbst, zu allem, was zu dir gehört. Deshalb möchten wir dich zu einem Morgenritual einladen. Beginne damit deinen Tag.

Noch bevor du aufstehst, halt einige Atemzüge inne. Dabei verweile mit deiner Aufmerksamkeit in und bei deinem Körper. Nimm ihn wahr. Begrüße ihn. Begrüße dich und wünsche dir einen guten Morgen. Sage zu dir: „Ich erlaube mir, mich so anzunehmen, wie ich bin. Ich erlaube mir, so sein zu dürfen und mich so sein zu lassen, wie ich bin. Ich weiß, dass ich ein liebenswerter Mensch bin, und ich erfreue die Erde und alle, die mir begegnen, durch mein Sein."

Spüre in deinen physischen Körper hinein und sage zu allem, was du dabei entdeckst und wahrnimmst, bewusst Ja. Dann wende dich deinen Empfindungen und deinen Gefühlen zu. Lass alle da sein, heiße sie willkommen und sage zu ihnen Ja. Im Anschluss achte auf deine Gedanken. Sie dürfen kommen und gehen, wie sie möchten. Auch zu ihnen sage einfach Ja. Alles darf so sein, wie es ist.

Atme tief ein und aus. Öffne dein Herz und lade den neuen Tag ein, dir zu begegnen. Sende die Liebe deines Herzens in deinen Tag hinein. Sei bereit, seine Geschenke zu empfangen. Danke ihm schon im Voraus dafür. Recke und strecke dich und stehe auf.

Erkenne, dass dich selbst zu lieben bedeutet, mit dir im Frieden zu sein. Du kämpfst nicht länger gegen irgendetwas, das dich an dir stört und du nicht magst. Du nimmst alles an, was du in dir spürst, fühlst und denkst, selbst das, was du bisher getan hast, möglicherweise gerade tust oder noch tun wirst. Denn alles hat seinen Grund, alles hat seine Geschichte. Daraus entwickeln sich Verständnis und Mitgefühl. In weiterer Folge beginnst du, auch die anderen Menschen neu zu betrachten und zu verstehen. Der rubinrotgoldene Strahl unterstützt dich dabei. Wann immer du ihn fließen lässt, badest du in der Liebe von Vater-Mutter-Gott. Das hilft dir, dich so anzunehmen, wie du bist. Denn Veränderung entsteht aus der Annahme. Alles, was du verdrängst oder unbedingt weg haben möchtest, kann sich nicht verabschieden. Meistens wird es nur intensiver, weil es dich dadurch mit aller Macht bittet, es doch einfach in deine Arme zu schließen und es anzunehmen. Wenn du das tust, findet es seine Ruhe. Dann kann es sich sanft lösen. Das ist der Weg. Der Weg der Liebe. Der Weg des rubinrotgoldenen Lichts.

Auch während deines Tages halt immer wieder inne. Spüre und beobachte, was jetzt gerade in dir ist. Sage zu allem, was du dabei entdeckst, Ja und erlaube ihm, zu sein. Das ist Selbstliebe. Wir bitten dich, tief ein und aus zu atmen. Erlaube dir, durch unsere Berührung Selbstkritik und Strenge loszulassen. Begegne dir liebevoll. Wann immer es dir möglich ist, lächle. Lächle dir selbst zu. Lächle dich selbst an. Das macht dich im Umgang mit dir behutsam, zärtlich und weich.

Nun schenke dir einige Augenblicke, um zu fühlen und wahrzunehmen, was jetzt in dir ist. Heiße es bewusst willkommen, sage zu allem Ja. Nimm dich an, so bedingungslos, wie möglich. Das ist Liebe. Liebe zu dir selbst. Selbstliebe. Wir danken dir. Wir begleiten dich. Wir segnen dich.

Wir sind Nada. Sei gesegnet. Amen.

Die Dornen einer Rose

Wir sind Nada. Segen und willkommen, geliebte Tochter, geliebter Sohn, die und der du uns bist. Wir berühren dein Herz, um darin die Rose des Christus erblühen zu lassen. Nimm wahr, dass ihre Blüte für die weibliche Christuspräsenz steht, während der Stiel und die Dornen, die zu dieser Rose gehören, ein Ausdruck der männlichen Christuskraft sind.

Wir bitten dich, Rosen von nun an anders zu betrachten. Wisse, dass die Dornen einfach Dornen sind. Sie sind spitz. Sie repräsentieren Zielgerichtetheit und Klarheit. Die Dornen und auch die Rose selbst tragen keinen Impuls in sich, jemanden verletzen zu wollen. Das ist weder ihre Absicht, noch ihr Plan oder ihre Bestimmung. Die Dornen sind nur eine Form, die eine bestimmte Energiequalität ausdrückt. Ob ein Rosendorn sticht, entscheidet nicht die Rose. Das ist wichtig, zu verstehen. Ein Dorn ist nur ein Dorn – eine Möglichkeit, um männliche Gottespräsenz sichtbar werden zu lassen. Sie zeigt eine dynamische Kraft an.

Für das Gleichgewicht der weiblichen und männlichen Christusliebe und Christuskraft erlaube dir jetzt, diese wundervolle Rose mit den vielen Dornen in deinem Herzen wahrzunehmen und blühen zu lassen. Betrachte sie wertfrei und neutral. Lerne und übe, in der Neutralität zu sein. Denn im Gleichgewicht zu sein bedeutet, in der Neutralität zu sein. Ein Bild ist ein Bild, eine Rose ist eine Rose, und ein Dorn ist ein Dorn. All das ist neutral. So sei in deinem Herzen. Lass deine Rose, umgeben von ihren wunderschönen, spitzen Dornen, blühen. Jeder Dorn lenkt Energie. Er strahlt den Duft der Rose genauso aus, wie ihre Liebe und ihre Weisheit.

Wir sind Nada. Wir danken dir für deine Bereitschaft, dich immer wieder zu verändern und auch in deinen Sichtweisen weiterzugehen. Wir segnen dich im Namen des rubinrotgoldenen Lichts. Sei gesegnet. Amen.

Nimm deinen Körper an

Wir grüßen dich und segnen dich, geliebtes Kind des Lichts. Wir sind Nada. Wir bitten dich, deine Aufmerksamkeit auf deinen Körper zu richten und ihn wahrzunehmen. Reise durch deinen Körper und erlaube ihm, sich so auszudrücken und zu zeigen, wie er dieses jetzt möchte und kann. Wisse, dass dein Körper dein Freund ist. Wenn er Symptome zeigen sollte, dann ist dieses bereits ein Ausdruck dafür, dass er begonnen hat, ein energetisches Ungleichgewicht auszugleichen. Es ist nicht die dichteste Form einer Disharmonie und wie das Ende einer Sackgasse zu sehen, sondern es ist der Beginn der Auflösung einer Verengung im System. Dein Körper zeigt an, dass er angefangen hat, etwas zu transformieren und in Bewegung zu bringen. Es ist ein Schritt, sich auf die göttliche Ordnung und das heile Sein auszurichten.

Wir bitten dich, tief ein und auszuatmen und mögliche Widerstände gegen deinen Körper loszulassen. Jetzt. Erlaube dir, seine Vollkommenheit anzunehmen. Er dient dir weise. Wir bitten dich, deine Angst vor physischen Disharmonien abfließen zu lassen. Erweitere deine Sichtweise bezugnehmend auf Disharmonien. Vielleicht ist eine da, weil sie innerhalb des Gesamtgefüges dein System in Harmonie hält. Erkenne, dass es einem Menschen auch mit einer Verdichtung des Energieflusses gut gehen kann. Setze eine Dis-

harmonie nicht mit Leid gleich. Leid entsteht erst aus einer Bewertung und dem Umgang mit einer Disharmonie. Sie selbst erzeugt kein Leid. Bitte löse dich von den alten Glaubenssätzen und Vorstellungen. Erlaube dir, ein Pionier der Neuen Zeit zu sein.

Erneut bitten wir dich, mit deiner Aufmerksamkeit bei und in deinem physischen Körper zu sein und ihm zu erlauben, sich dir so zeigen zu dürfen, wie er kann und möchte. Wende dich den verschiedenen Teilen deines Körpers zu und danke ihnen. Danke deinen Füßen. Danke deinen Organen. Danke deinem Blut. Danke deiner Haut. Danke allen Zellen und jedem kleinsten Aspekt deines Körpers dafür, dass er seine Aufgabe so erfüllt, wie er es tut. Lass dir dafür so viel Zeit, wie du möchtest.

Wann immer du in deinem Alltag irgendwo bist, wo du warten musst, wende dich deinem Körper zu und danke ihm. Dankbarkeit fördert deine Entspannung. Dadurch bist du offen und weit. Es kann mehr Lebensenergie fließen, und das gibt auch deinem Körper Kraft. Es aktiviert seine Selbstheilungskräfte, seine Selbstregulationskräfte. Dankbarkeit ist auch eins der Gesichter der Liebe. Dein Körper ist dein Gefährt, ohne ihn könntest du dich nicht in dieser Form auf der Erde bewegen. Er ist wie ein Seelenauto.

Kannst du dich noch daran erinnern, dass die Engel sagten, dass sie die Menschen um ihre Körper „beneiden" und es nicht verstehen, dass diese sich nicht mehr über ihre Körper freuen? Sie hätten gerne solche irdischen Körper, durch die man sich umarmen und spüren kann. Doch das ist den Engeln nicht möglich. Deshalb bitten wir dich, deinen Körper und all das, was du durch, mit und über dieses Werkzeug erfahren kannst, zu genießen. Es ist ein göttliches Geschenk. Dein Körper ist ein göttliches Geschenk. Es freut ihn sehr, wenn du dich ihm voller Dankbarkeit zuwendest. Du motivierst ihn dadurch, dir noch mehr zu dienen und für dich da zu sein. So beginnt er, von innen heraus zu leuchten. Das entsteht durch den erweiterten Energiefluss der Lebendigkeit, der durch die Dankbarkeit durch ihn strömt.

Wir bitten dich, das Licht in deinem Körper und in allen Körpern zu sehen. Nimm wahr, wie schön die physischen Körper sind. Sie sind eine Summe von pulsierender, leuchtender Energie. Wende dich deinem Körper zu. Auch Zuwendung ist ein Akt der Liebe. Erlaube dir, zärtlich mit deinem Körper zu sein. Spüre immer wieder in ihn hinein und nimm wahr, was ihm gerade guttut, was er sich jetzt wünscht, und das schenke ihm.

Wir bitten dich, innezuhalten und dich deinem Körper zuzuwenden – seinem Fließen, seinem Leuchten. Fühle, dass die Energie, aus der dein Körper besteht, Liebe ist. Dein physischer Körper ist ein Liebesfeld. Danke der Liebe, die er ist. Erkenne, dass dein und alle Körper eine Ansammlung von Liebe sind. Erfahre deinen Körper von nun an als reine Liebe. Wir segnen ihn – deinen wundervollen, einzigartigen, liebevollen und liebenden Körper. Wir segnen dich. Sei gesegnet.

Wir sind Nada. Jetzt und allezeit. Amen.

The Mystic Rose – Die mystische Rose

Wir sind Nada. Wir grüßen und segnen dich, geliebtes Kind des Lichts, das du uns bist. Du weißt um die Heiligkeit und die Vollkommenheit der geometrischen Formen, die wie Bausteine sind, aus denen Leben aufgebaut und geschaffen ist, nicht nur auf der Erde, sondern überall in diesem Universum. In diesem Kontext überreichen wir dir ein besonderes Geschenk: die mystische Rose.

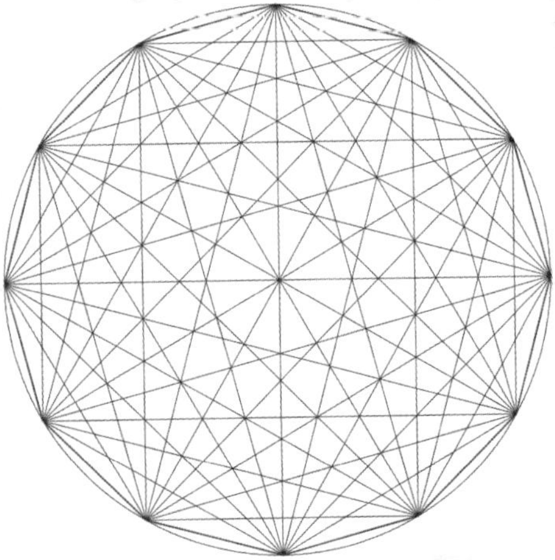

(Skizze von Jona Minatti und Elmar Thurner)

Auch sie ist ein besonderes Schwingungsfeld, ein Körper, der schwingt und lebendig ist. Sie stellt eine Tür dar. Bevor wir näher darauf eingehen möchten, erlaube uns, dass wir ein wenig ausholen.

Die Menschen waren schon öfter auf der Suche nach der mystischen Rose beziehungsweise haben Teile von ihr gefunden. Sie ist auf unterschiedlichen Ebenen erfahrbar. Vielleicht kennst du die Meditation, die ein irdischer spiritueller Lehrer seine Schülern lehrte? Er bezeichnete sie als „Mystic Rose"*. Das Symbol und damit die Botschaft der mystischen Rose zieht sich durch viele Mysterienschulen und Gemeinschaften **. Erneut spielt Chartres in diesem Zusammenhang eine zentrale Rolle, wo die Energie der mystischen Rose als Symbol der Maria Magdalena gespeichert und in der Materie verankert ist.

---

* Mystic-Rose Meditation von Osho: Sie besteht aus drei Teilen und ist sehr reinigend, befreiend und transformierend.
1. Teil: Sieben Tage jeweils drei Stunden ohne Grund lachen.
2. Teil: Sieben Tage jeweils drei Stunden weinen.
3. Teil: Sieben Tage jeweils drei Stunden Stille, beobachten, sein.

** Die mystische Rose wird im Alten Testament mit dem Weisheitsfokus der Sophia beschrieben. Sie kommt in der christlichen, jüdischen und sufistischen Tradition vor. Sie wird als Geheimnis der Dreizehn bezeichnet und als Symbol für das Herz. Sie taucht in den Marienverehrungen und Magdalena-Kulten auf. In verschiedenen Bruder- und Schwesternschaften ist sie das Symbol der weiblichen Schöpferinnenenergie, der Göttinnenpräsenz. Manchmal wird sie als weiße Rose beschrieben, vor allen Dingen, wenn sie für Unschuld und Reinheit steht. Durch das Mysterium, das sich durch Jesus am Kreuz vollzogen hat, wurde die weiße Rose mit seinem Blut getränkt und dadurch zu einer roten – so wird sie zur Christusrose.
Die wunderschönen Rosetten von Chartres werden auch als mystische Rose bezeichnet. Alain de Lille, ein Lehrer der Schule von Chartres, sieht in der Rose das Abbild des Menschen und seiner Entwicklung.

Was ist nun diese mystische Rose? Wir sagen, dass sie die Essenz der weiblichen, schöpferischen Göttinnenkraft darstellt. Wenn du dich mit ihr verbindest, aktiviert sie genau diese Energiequalität in dir. Wir haben die Bedeutung der mystischen Rose in diese geometrische Form übersetzt und bitten dich, sie zu betrachten. Bei dieser Darstellung haben wir den 12er Rhythmus gewählt, denn die Zwölf ist die Zahl der Vollendung. Eine der Besonderheiten der „Mystic Rose" ist, dass du, wenn du sie zeichnen möchtest, innerhalb des Kreises eine unterschiedliche Anzahl von Vernetzungspunkten wählen kannst. So gibt es auch Rosendarstellungen, die anderen Rhythmen folgen, wodurch sich in ihrer Bedeutung ein leicht veränderter Schwerpunkt ergibt. Darüber ist die Fülle der Möglichkeiten, was eine Qualität von Mutter-Gott ist, die die mystische Rose repräsentiert, sichtbar.

Wir haben uns, wie bereits erwähnt, für die Zwölf entschieden. Sie steht auch für Gleichgewicht und bestätigt die Vereinigung der kosmischen und irdischen Liebe, der männlichen und weiblichen Energien und des Himmels mit der Erde. Innerhalb des Symbols schafft die Zwölf einen Gleichklang zwischen den dynamischen und rezeptiven Kräften, aus dem etwas Neues entstehen kann. Denn zwischen der Vollendung und dem darauf folgenden Neubeginn ist eine kleine Stille, eine schöpferische Pause, die nur aufgrund eines Gleichgewichts, wenn eine Waage in der Balance ist, entstehen kann. So wird geschöpft, geformt und kreiert.

Wir bitten dich, das Symbol in dein Herz zu bringen. Atme es ein. Halte kurz inne und spüre, wie es sich in deinem Herzen anfühlt. Dann nimm wahr, was es in der Gesamtheit, die du bist, bewegt. Kannst du spüren, dass es dein Herz erweitert und dich ausdehnt? Während das Zeichen in deinem Herzen bleibt, dehnt es sich gleichzeitig aus und nimmt dich in sich auf. Nimm das Symbol räumlich wahr. Eins ist in deinem Herzen und eins um dich herum. Dann vervielfältigt es sich noch einmal und wird im Zentrum des Universums sichtbar. Es erfüllt das kosmische Herz, das das Herz von Vater-Mutter-Gott ist.

Atme tief ein und aus. Die mystische Rose ist in deinem Herzen, das weit und offen ist. Sie umgibt dich, wobei sie pulsiert und ihre Größe verändert. Sie dehnt sich aus und zieht sich wieder zusammen, um dich an deine eigene Größe zu erinnern. Doch du bist dabei immer mit deiner Gesamtheit in ihrem Zentrum. Ein drittes Mal ist sie eine konzentrierte Kraft im unendlichen Raum des kosmischen Herzens des Universums, punktgenau und parallel dazu riesengroß, allumfassend. Erlaube dir, über dein alltägliches, mentales Verständnis hinauszuwachsen und das Unvorstellbare zu spüren. Dein Herzschlag verändert sich und richtet sich auf den der Quelle aus. Du atmest mit Vater-Mutter-Gott ein und aus. In den Momenten der Stille, die zwischen den Atemzügen ist, erlebst du die Vollkommenheit und die Allwissenheit des Seins, die jenseits der Worte sind.

Dein Herz ist das kosmische Herz. Jetzt und allezeit. Du bist Vater-Mutter-Gott. Jetzt und allezeit. Du bist Anfang und Ende. Jetzt und allezeit. Du bist Auflösung und Neubeginn. Jetzt und allezeit. Ewig. Ewig. Ewig. Erkenne, begreife, erfahre, fühle! Du bist die mystische Rose. Du bist eine Knospe. Du erblühst. Du verblühst. Du bist eine neue Knospe. Alles Leben wird durch das Zusammenspiel der Kräfte von ElShaddai et Shekaina aus dem Schoß von Mutter-Gott heraus immer wieder geboren. Es ist das unendliche Spiel der Schöpfung und des Lebens. Das ist die Botschaft der mystischen Rose. Über all dem und durch all das ist Liebe. Reine, unschuldige, bedingungslose Liebe.

Jeder Mensch ist ein Sohn/eine Tochter von Vater-Mutter-Gott, ein Ausdruck der männlichen und weiblichen Christuskraft. Das ist die Botschaft der mystischen Rose. Sie entschlüsselt sich dir über dein Herz. Jetzt und allezeit.

Verweile in diesem Schwingungsfeld, solange du möchtest und es dir guttut. Je öfter du dich in der Liebe der Rose bewegst, desto tiefere Ebenen werden sich dir offenbaren. Sie wird dir alle ihre Geheimnisse zeigen. Das ist nur der erste Schritt. Atme bewusst ein und aus. Erlaube dir, die Energie fließen zu lassen, zu spüren und zu beobachten, was in dir ist. Dann lenke deine Aufmerksamkeit auf die drei Ebenen der mystischen Rose. Bringe sie über und in deinem Herzen wieder zu einem Sein, einem Zeichen, einem Symbol. Empfange ihren Segen. Danke der Rose. Atme sie aus deinem Herzen in unsere Hände zurück. Wir nehmen sie an und bewahren sie für dich, bis du erneut ihren Duft riechen und ihren Nektar schmecken möchtest. Wir danken dir für deine Bereitschaft, dich zu erweitern. Wir segnen dich und dein Herz.

Wir sind Nada, die Hüterin der Rose. Sei gesegnet. Jetzt und allezeit. Amen.

Der Seelen- und Persönlichkeitsstrahl der Erde

Wir sind Nada. Sei gesegnet, geliebtes Kind des Lichts. Erlaube, dass wir das rubinrotgoldene Licht durch die Gesamtheit, die du bist, strömen lassen.

Die Erde wird oft als blauer Planet bezeichnet, weshalb der blaue Strahl sehr gut als Seelen- oder Persönlichkeitsstrahl passen würde. Jede Seele, die hier auf der Erde ist, hat einen Seelen- und eine Persönlichkeitsstrahl, so auch Gaia. Doch die Erde schwingt rot. Manchmal ist ihr aurisches Feld von grüner Energie durchwirkt. Das ist sichtbar, wenn die Erde ihre Bestimmung lebt.

Der Seelenstrahl ist die Schwingung, die tief in den Zellen verankert ist. Sie leuchtet aus dem Zellkern heraus, erhellt den Körper und lässt ihn von innen nach außen erstrahlen. Der Persönlichkeitsstrahl ist die Farbenergie, die den Körper einhüllt, die Farbe seiner Aura. Genauso ist es auch mit Gaia. Sie ist ein Seelenbewusstsein und hat einen Seelen- und einen Persönlichkeitsstrahl. Der Persönlichkeitsstrahl ist grün. Deshalb ist Gaias Aura immer wieder grün, denn die Erde ist ein Heilungsplanet. Das sind ihre Aufgabe und ihr Potenzial. Das soll sie leben und zur Verfügung stellen. Deshalb ist es von großer Wichtigkeit, die grüne Energie auf Erden zu bewahren und zu hüten, indem du, wie auch immer, auf das Grün und Grüne der Erde achtest.

Der Seelenstrahl von Gaia ist rubinrotgold, denn ihr innerstes Wesen, ihr Seelenwesen ist es, zu dienen und bedingungslos zu lieben – wie eine Mutter. Ihr wahres Wesen ist, Christuspräsenz, Schöpfer- und Schöpferinnenenergie zu verkörpern und darüber zu lehren. Sie ist eins mit der Christusliebe und der Christuskraft. Dadurch wird sie zu einem Planeten der Liebe, zu einem Christusplaneten. Deshalb umgibt sie auch die Struktur, die du als kristallines Christusgitternetz bezeichnest, wie ein Mantel. Sie benötigt ihn, um sich darüber immer wieder auf ihre Bestimmung auszurichten.

Auch jede Pflanze und jedes Tier, wobei wir hier nicht von einzelnen, sondern von Gattungen und Familien sprechen, hat eine Seelenfarbe. Ihre Persönlichkeitsstrahlen können innerhalb ihrer Gruppe variieren. Alles ist nach einem vollkommenen System erschaffen. Selbst das, was unvollkommen erscheint, ist vollkommen. Wir bitten dich deshalb, dich von einer Betrachtungsweise, die in verschiedenen Schulen lange Zeit gelehrt wurde, zu lösen. Es wurde gesagt, dass nichts beziehungsweise der Mensch nicht vollkommen ist. Davon befreie dich. Denn jeder Mensch ist vollkommen, in einem übergeordneten Sinn auch seine Persönlichkeit. Jeder agiert und reagiert letztendlich genauso, wie es ihm im Moment möglich ist und somit dem großen Plan entspricht.

Auch wenn etwas auf den ersten Blick unvollkommen erscheint, betrachte es in einem größeren Kontext und über mehrere Leben, über mehrere Inkarnationsspannen hinaus. Erkenne, dass in allem Vollkommenheit ist. Wenn es etwas Unvollkommenes gäbe und doch alles göttlich ist, weil es nichts gibt, was außerhalb von Gott existieren könnte, dann würde das bedeuten, dass ein Teil Gottes unvollkommen ist. Das ist nicht möglich. Denn Gott ist die Quelle.

Wisse, dass ein menschliches Leben Teil eines viel größeren Zyklus ist. Eine Inkarnationsspanne ist ein Teil eines Rads, das viele Speichen hat. Alle Leben zusammen, die das Rad formen, sind ein Erdenzyklus, und du hast im Laufe der Zeit mehrere Räder und somit mehrere Erdenzyklen durchlaufen. Beginne, in anderen Maßstäben zu denken. Erhebe dich aus dem, was bisher für dich Gültigkeit hatte, und erweitere dich. Wir danken dir.

Wir sind Nada. Das rubinrotgoldene Licht segnet dich. Sei gesegnet. Amen.

Anmerkungen zum Seelen- und Persönlichkeitsstrahl

Ich möchte gerne noch etwas zu diesem Thema ergänzen. Unser Seelen- und unser Persönlichkeitsstrahl sind mit unserem Tierkreiszeichen und unserem Aszendenten vergleichbar. Auch unser Tierkreiszeichen beschreibt unser Potenzial, während der Aszendent aufzeigt, wie wir es zum Ausdruck bringen. Unabhängig davon wirken die Energien aller Sternzeichen in uns, und es gilt, ihre Qualitäten zu integrieren und zu leben.

Lange Zeit wirkten wir hauptsächlich mit den sieben Strahlen. Dementsprechend fanden wir unsere Seelen- und unsere Persönlichkeitsfarbe innerhalb des Siebener Systems. In der Neuen Zeit arbeiten wir vorwiegend mit den zwölf kosmischen Strahlen. Dadurch verliert das Wissen um die sieben Ebenen nicht an Bedeutung, sondern es wird erweitert und ergänzt. Allerdings kommt es dadurch vor, dass sich die Antwort auf den Seelen- und Persönlichkeitsstrahl durch die größere Auswahl, die wir durch das Zwölfer Muster haben, verändern kann. Die alte Wahl hat nach wie vor Gültigkeit, weil sie innerhalb des früheren Modells stimmig ist. Der Mensch wird durch die mögliche neue Zuordnung innerhalb des größeren Strahlenrahmens nur noch differenzierter betrachtet.

Es gibt eine einfache Möglichkeit, für sich selbst zu erforschen, was der eigene Seelen- und Persönlichkeitsstrahl ist. Wenn du das möchtest, solltest du zuerst entscheiden, ob du dich den sieben Strahlen oder dem zwölf Strahlen Modell zuwenden willst. Dann nimm ein großes, weißes Blatt Papier. Zeichne darauf einen Kreis. Diesen unterteilst du entweder in sieben oder in zwölf Segmente. Male sie entsprechend der Strahlenfarben aus. Im Anschluss daran wähle eine entspannte Sitzposition und lege den fertigen Strahlenkreis auf deinen Schoß. Entspanne dich und stimme dich ein. Atme deine Vorstellungen aus. Werde leer und still. Sei mit deiner Aufmerksamkeit in deinem Herzen, lass dein göttliches Licht erstrahlen und dich von ihm führen. Berühre mit einer deiner Hände denn Abschnitt des ersten Strahls. Stell dir vor, du würdest ganz in diesen Teil deines Kreises, in diese Farbe, in diese Schwingung eintauchen.

Wie nimmst du den Strahl wahr? Wo spürst du ihn in deinem Körper? Ist er dir vertraut? Welche Gedanken, Impulse oder Gefühle entstehen in dir? Beobachte einfach. Dann empfange seinen Segen. Du gehst bewusst und mit Hilfe deines Atems aus der Verbindung mit diesem Farbstrahl und löst deine Hand vom ersten Segment.

Nach einer kurzen Pause wendest du dich auf die gleich Art und Weise dem nächsten Farbabschnitt zu. So reist du durch den ganzen Kreis. Diese erste Runde dient dazu, deine Resonanzen zu den einzelnen Strahlenschwingungen zu aktivieren. Wenn du den Kreis vollendet hast, hältst du inne und erlaubst dir, noch einmal ganz leer zu werden und zu sein. Du richtest dich neuerlich auf dein göttliches Licht aus und lässt dich von ihm führen.

Spüre, zu welchen zwei Strahlen du die größte Affinität fühlst. Zu welchen zwei Farbsegmenten zieht es dich am meisten hin? Folge diesen Impulsen und tauche in diese beiden Schwingungsfelder noch einmal bewusst ein. Kannst du dich in ihnen wiedererkennen? Fühlt es sich wie ein Teil deines inneren Wesens an? Wenn ja, dann kommt der nächste Schritt, wo du beginnst, für dich zu erforschen und zu entdecken, welcher der beiden von dir gewählten Strahlen bis hinein in deine Zellen geht beziehungsweise wirkt und welchen du „einhüllender" empfindest. So spürst du, welcher dein Seelen- und welcher dein Persönlichkeitsstrahl ist. Im Anschluss daran empfängst du erneut den Segen der Strahlen, löst dich von ihnen und kommst mit deiner Aufmerksamkeit aus dem Kreis heraus und schließt die Übung ab.

Natürlich könntest du dir deine Strahlen auch auspendeln oder kinesiologisch austesten. Doch das eigene Erfahren ist intensiver und tiefgehender. Es bestimmt unsere Wirklichkeit und geht im wahrsten Sinne des Wortes unter die Haut, in den physischen Körper hinein. Es ist auch nicht zwingend notwendig, unseren Seelen- und Persönlichkeitsstrahl zu wissen. Doch es kann uns helfen, uns besser zu verstehen und unsere Qualitäten und Stärken zu entwickeln.

Meistens fühlen wir uns den Meistern, Meisterinnen und Engeln, die unseren Hauptstrahlen zugeordnet sind, besonders nahe. Es kann sogar sein, dass wir uns manchmal wie ein Teil von ihnen spüren, dass wir das Gefühl haben, mit ihnen gelebt zu haben und ihnen sehr ähnlich zu sein. Häufig erklärt es unsere besonderen Vorlieben und Affinitäten zu manchen Wesen der Geistigen Welt.

Der Seelenstrahl bleibt über mehrere Inkarnationen gleich, der Persönlichkeitsstrahl wechselt schneller. Es gibt ein empfehlenswertes, übersichtliches Buch, in dem die zwölf kosmischen Strahlen (die sieben sind darin ja integriert) und ihre Lenker kurz beschreiben werden: „Die Aufgestiegenen Meister“ von Stella Maris aus dem Smaragd Verlag. Leider ist es schon vergriffen. Viele Bücher, die nur noch gebraucht zu erhalten sind, enthalten Wissen, das wir erst jetzt verstehen und umsetzen können. Sie waren ihrer Zeit voraus wie Pioniere und Wegbereiter. Es ist wichtig, dass sie nach wie vor gelesen werden (können). Deshalb lohnt es sich, in Antiquariaten, Bibliotheken und auf Flohmärkten nach ihnen zu stöbern und sie zu finden.

Hier folgt nun eine kleine Übersicht der zwölf Strahlen und ihrer Zuordnungen:

Strahl	Meister/in, Engel	Qualität
1. Strahl: Blau	El Morya, Michael	Dein Wille geschehe durch mich. Kraft, Zentriertheit, Frieden, Kommunikation, Loslassen, Zielgerichtetheit.
2. Strahl: Gelbgold	Konfuzius, Jophiel	Ich weiß, dass ich nichts weiß. Weisheit, Naturliebe, Freude, Leichtigkeit, Konzentration, Lernen.
3. Strahl: Rosa	Rowena, Haniel, Chamuel	Freiheit, Gleichheit, Brüder- und Schwesterlichkeit, Selbstliebe, Schönheit, Toleranz, (Selbst)Annahme, Empfänglichkeit.
4. Strahl: Weiß	Serapis Bey, Gabriel	Klarheit, Reinigung, Vermittlung von Botschaften, Disziplin, Konsequenz, Ausrichtung.
5. Strahl: Grün	Hilarion, Raphael	Heilung, Wahrhaftigkeit, Weg, Erkenntnis, Entscheidungskraft, die Stimme des Herzens hören und ihr folgen, eigenen Raum haben.
6. Strahl: Rubinrotgold	Lady Nada, Uriel	Hingabe, Erdung, Liebe im tätigen Tun, Christuspräsenz, Demut.
7. Strahl: Violett	St. Germain, Zadkiel	Transformation, Umwandlung, Vereinigung von Himmel und Erde, Gleichgewicht der männlichen und weiblichen Energien, Bilokation.
8. Strahl: Aquamarin/ Türkis	Maha Cohan, Aquariel	Klarheit, im Fluss sein, Unterscheidungsfähigkeit, Intuition, Hellsicht, Kreativität, altes Wissen in Form von neuen Technologien ins Jetzt bringen.
9. Strahl: Magenta	Jesus Sananda, Anthriel	Harmonie, tiefes Vertrauen, Ausgeglichenheit, Gleichgewicht, Ruhe, Priester- und Meisterschaft.

10. Strahl: Gold	Kuthumi, Valeoel	Fülle, Integration, Geduld, Stille, Weisheit, Reichtum, Geborgenheit, Gleich-Gültigkeit, Verantwortung für alles, was lebt.
11. Strahl: Pfirsichrosa	Maitreya, Perpetiel	Freude, Ekstase, den Plan und Sinn des Lebens erkennen.
12. Strahl: Opalisierend	Sanat Kumara, Omniel	Vollendung, Einheit, Vollkommenheit, Annahme von Allem-was-ist.

Sei getröstet

Wir sind Nada. Segen und willkommen, geliebtes Kind des Lichts, das du uns bist. Das rubinrotgoldene Licht berührt dein Herz. Es füllt und nährt dein Herz mit allem, was du jetzt benötigst, um dich wohlzufühlen, dich zu öffnen und die Liebe, die wir sind, auf- und anzunehmen. Wir sind mit dir, wann immer du möchtest. Wir begleiten dich durch Zeiten der Herausforderungen und der Dunkelheit. Du bist niemals allein. Wir sind dir nicht nur Freundin, Wegbegleiterin und Schwester, sondern auch Mutter. Erlaube, dass wir uns, sooft du dieses benötigst, hinter dich stellen dürfen. Dann können wir dir sanft über deine Schultern streifen, um dich einzuladen, die Last, die du dort trägst, abfallen zu lassen.

Wir können unsere Hände auf dein Herz und deinen Thymus legen, um Druck, Traurigkeit und Schwere zum Abfließen zu bringen. Wenn wir hinter dir stehen, breiten wir unsere Arme aus und bauen um dich ein Schwingungsfeld auf, das einem Lichtkegel gleicht. Es dient dir wie ein dich behütender Mantel, der aus Liebe und aus tausenden und abertausenden Rosenblättern geformt ist. (Wenn du möchtest, schließe für einen Moment deine Augen, um deine Aufmerksamkeit nach innen zu richten. Nimm das rubinrotgoldene Licht und unsere Gegenwart wahr. Fühle, dass wir hinter dir sind und du in unser Schwingungsfeld eingebettet bist.)

Die Rosenenergien beruhigen dich und geben dir gleichzeitig Kraft. Sie ermutigen und trösten dich. Sie geben dir erneut das Gefühl, niemals allein, sondern von einer liebenden, mütterlichen und urweiblichen Qualität behütet, begleitet und getragen zu sein. Wir stehen hinter dir bei allen Aufgaben und scheinbaren Hürden, die es in deinem Leben zu meistern gilt. Vor allen Dingen möchten wir dir ein Trost sein, wenn du jemanden oder etwas, der und das dir am Herzen lag, loslassen musstest.

Halte kurz inne. Erlaube dir, alles, was von dir gegangen ist, nun da sein zu lassen. Wen und was hast du verloren? Wovor hast du Angst, dass du es verlieren könntest? Hast du vielleicht Angst, dass dich jemand verlassen könnte, den du liebst, oder möglicherweise davor, dein eigenes Leben zu verlieren? Alles darf jetzt da sein – jedes Empfinden, jedes Gefühl, jeder Gedanke, der damit verbunden ist.

Das rubinrotgoldene Licht fließt. Wir sind mit dir, um und durch dich. Wisse, dass jeder Abschied, jedes Loslassen nur vorübergehend ist, so, als würde jemand oder etwas auf eine Reise geschickt werden. Der Abschied enthält bereits den Samen des Wiedersehens und Wiederfindens in sich. Trennung ist eine Illusion. Alles, was wirklich ein Teil von dir ist, bleibt ein Teil von dir – immer und allezeit.

Erlaube, dass wir dich mit unserer Liebe und unserer Gegenwart durchströmen. Wir berühren dich, um das, was in der Verbindung mit deinem Loslassen noch ausgedrückt, gesehen, wahrgenommen und angenommen werden möchte, Raum und Zeit dafür erhält. So können sich Ruhe, Stille und Frieden in dir ausbreiten. Wir trösten dich. Wir geben dir Kraft und Mut, neu zu beginnen und weiterzugehen. Wir trocknen deine Tränen, die ungeweinten sowie die geweinten. Wir formen sie zu einem Schmuckstück der Gnade, das du von jetzt an tragen kannst. Es schenkt dir Erlösung auf allen Ebenen deines Seins. Wir sind dir ein Trost in deinen einsamen Stunden und führen dich Schritt für Schritt wieder dem Vertrauen und der Lebenskraft zu. Wir schenken dir Geborgenheit. Verzage nicht, denn du bist in unserem Herzen. Wir tragen dich darin. Hier kannst du heilen und heil sein. Es ist dir ein Rückzugsort, wo deine Wunden geschlossen und deine Narben aufgelöst werden.

In deinen dunkelsten Nächten entzünden wir für dich eine Kerze. Es ist ein Licht, das dir den Weg weist. Du kannst es sehen. Es schenkt dir Hoffnung. Wir gehen an deiner Seite und tragen deine Bürde. Vertraue der Kraft, vertraue der Liebe, die wir sind. So stehen wir hinter dir, deine Erfahrungen und Ängste werden von uns angenommen, sodass sie ihren Frieden finden. Erlaube dir, frei zu sein. Jetzt und allezeit. Wir stehen hinter dir und breiten unsere Arme aus. Wir sind dir Dach, Zelt und Haus. Wir behüten dich. Sei getröstet, wann immer du Trost brauchst. Wir lieben dich. Wir segnen dich.

Wir sind Nada. Sei gesegnet. Amen.

Die Magdalena-Linie

Maria Magdalena ist ein Teil von Nada. Die Magdalena-Linie ist eine rubinrotgoldene Leyline, die genau genommen Maria Magdalena-Linie heißt. Das erste Mal machte mich Barbara Weber, eine bekannte Tiroler Schauspielerin und Erzählerin, auf die Magdalena-Linie aufmerksam. Sie hatte begonnen, sie zu erforschen und berichtete mir von ihrer Wahrnehmung, die sie in Süd- und Nordtirol in der Verbindung mit Magdalena-Plätzen hatte. Des Weiteren erzählte sie mir, dass die Leyline von Afrika über Italien, Österreich, Deutschland, Skandinavien bis zum Nordkap führt.

Das zweite Mal begegnete sie mir auf unserer Seminarreise nach Frankreich, wo wir den Spuren Maria Magdalenas folgten. Hier ergänzte Nada, dass die Kraftorte und Plätze, die rubinrotgold schwingen und wo die Energie von Maria Magdalena geankert ist, miteinander kommunizieren und ein Netzwerk bilden. Das bezeichnete sie als Magdalena-Netzwerk beziehungsweise als Magdalena-Linie. (Jede Stadt, jedes Dorf, jeder Platz hat eine eigene Grundschwingung, die einem der zwölf kosmischen Farbstrahlen entspricht. Es gibt also blaue, goldene, grüne, weiße usw. Orte.)

Chartres ist ein wichtiger Teil dieses Netzes. Die Magdalena-Linie repräsentiert laut Nada die weibliche Christuspräsenz. Sie erdet und hält das kristalline Christusgitternetz (= männliche Christuspräsenz), das als eine heilige, geometrische Form um Gaia errichtet wurde. Es ist ihre Lichtkörperstruktur, die sie für die Neue Zeit benötigt und in ihr tragen wird. Das rubinrotgoldene Magdalena-Netz schmiegt sich an das sogenannte Erdschlangensystem, das ein Teil des Erddrachennetzes ist und unsere Schöpferkraft in der Materie verkörpert. Darauf gehen wir später noch näher ein. Nada möchte zuerst eine weitere Bedeutung der Magdalena-Linie mit uns teilen.

Die Heiligkeit des Blutes

Wir sind Nada. Wir grüßen und segnen dich, geliebtes Kind des Lichts, das du uns bist. Wir möchten zu dir sprechen. Wenn du dich bei deiner Empfängnis als Seele, die du bist, mit der Materie verbindest, ist dieses ein unendlicher Farbrausch, ein ekstatischer Tanz der kosmischen Strahlen. Wenn du als Seele, die du bist, deinen physischen Körper abstreifst, um dich von der Materie zu lösen, ist es genauso. Durch dieses bombastische Feuerwerk von Farben bei deiner Zeugung finden deine Prägungen statt, und irdische als auch kosmische Erbinformationen werden in die Zelle, die entsteht, eingedrückt. Diese gibt sie dann an alle folgenden weiter.

Dein Blut ist eine heilige Substanz. Seine Aufgabe ist es, die Zellspeicherungen mit zu bewahren und sie in Bewegung zu halten. Es ist wie ein flüssiger Wissensspeicher, in dem alle deine Erfahrungen, Überzeugungen, Muster, Ängste, Stärken und dein Potenzial gesammelt sind. Das Blut steht sowohl für die Lebenskraft der Materie, als auch für den Lebensstrom der Quelle. Es ist dem rubinrotgoldenen Strahl geweiht, ein Ausdruck deiner Schöpferkraft in der Materie, und kommuniziert mit der Magdalena-Linie und dem Erdschlangennetz. Das Blut ist magisch, sowohl jenes, das durch deine Adern fließt, als auch das der Frauen, die bluten. Es ist eine Urkraft des Lebens. Es ist Liebe.

Gehe mit deiner Aufmerksamkeit jetzt zu deinem Blut. Erlaube dir, mit ihm gemeinsam durch deinen Körper zu reisen. Lass dich von deinem Blut tragen. Nimm wahr, wo es dich hinführt und wie sich die verschiedenen Stellen deines Körpers anfühlen, die es durchströmt. Möglicherweise verändert sich auch sein Fluss. Beobachte einfach. Dein Blut hat Bewusstsein. Du kannst ihm zuhören. Hörst du seine Musik? Über das Blut ist es auch möglich, mit deinen Ahnen zu kommunizieren. Kannst du sie wahrnehmen?

Während du weiter mit deinem Blut durch deinen Körper reist, spüre, welche Speicherungen, Glaubenssätze und Erfahrungen in ihm gesammelt sind. Lausche seinen Geschichten – deinen persönlichen als auch den uralten, kollektiven. Was auch immer du dabei entdeckst, darf sein. Heiße alles willkommen. Dann erlaube dir, dein Blut im Namen des rubinrotgoldenen Lichts zu segnen. Das verändert seinen Fluss und macht es für Wandlungen bereit. Beginne, mit deinem Blut zu sprechen. Teile ihm deine Wünsche mit. Es nimmt sie auf und trägt sie durch deinen Körper und somit der Erfüllung entgegen. Dein Blut antwortet dir und teilt dir mit, wie es deine Bitten umsetzen wird und kann. Es sagt dir, ob du dazu noch etwas erkennen und selbst tun darfst, wie deine Ahnen dich dabei unterstützen werden und dein Körper es mittragen kann.

Erneut höre deinem Blut zu. Wenn du möchtest, kannst du dich auch einzelnen Teilen deines Blutes auf diese Art und Weise besonders zuwenden, mit ihnen sprechen und ihnen lauschen. Dann beginne im Namen des rubinrotgoldenen Strahls, der die Mitschöpferkraft in der Materie ist, und mit der Unterstützung deiner Ahnen dein Blut bei Bedarf zu reinigen. Verändere bewusst Prägungen. Löse Erfahrungen für dich und das Kollektiv der Menschheit, die nicht mehr benötigt werden, auf. Lass in deinem Blut und in deinem Blutkreislauf das goldene Licht als Ausdruck seiner Heiligkeit erstrahlen. Es darf voll Lebensenergie und heilem Sein pulsieren. Seine Informationen und Speicherungen werden auf den Neuen Morgen ausgerichtet, sodass es die Botschaft: „Ich bin ein Kosmischer Mensch!“ überall in deinen Körper tragen kann, bestätigt und manifestiert. Deine Ahnen flüstern dabei: „So sei es. So ist es. Wir sind die Zeugen.“

Bleibe in Kontakt mit deinem Blut. Aus ihm heraus und mit ihm gemeinsam erschaffe dich beziehungsweise deinen Blutfluss immer wieder neu: strahlend, lebendig und heil. Lausche erneut der Musik deines Blutes. Gib dich ihr hin. Sie führt dich in deine Tiefen, zu deiner Wahrheit, deinem Ursprung, deinen Möglichkeiten und deiner Bestimmung.

Atme bewusst ein und aus. Reise mit und in deinem Blut, solange du möchtest. Segne es erneut und alles, was es trägt und hütet. Danke ihm. Löse dich aus deinem Blut und seinem Fluss. Nimm wieder die Gesamtheit deines Körpers wahr. Wir danken dir.

Wir sind Nada. Wir segnen dich. Wir segnen dein Blut. Sei gesegnet. Jetzt und allezeit. Amen.

Der Magdalena-Kode

Wir sind Nada. Segen und willkommen, geliebte Tochter, geliebter Sohn des Lichts, die und der du uns bist. Nachdem wir deine Aufmerksamkeit auf die Heiligkeit des Blutes gelenkt haben, fahren wir nun mit der Bedeutung der Magdalena-Linie fort. Alles, wofür Maria Magdalena stand und steht und ihre Verkörperung der weiblichen Christuspräsenz, war und ist in ihrer Blutlinie, was ebenso als Magdalena-Linie bezeichnet wird, gespeichert. In ihrer Blutlinie, die viele Ahnen zurückreicht, trugen bereits ihre Vorfahren den Magdalena-Kode in sich. Sie gab ihn weiter an ihre Nachkommen, die sie gemeinsam mit Jesus hatte. Er wurde weitergetragen.

Dieses Erbe ist lebendiger denn je. Der Samen der weiblichen Christuspräsenz, der vor unzähligen Generationen in die Magdalena-Linie gelegt wurde, wird als Magdalena-Kode bezeichnet. Er wurde durch die Inkarnation von Maria Magdalena aktiviert. Seither ist er aus seinem Tiefschlaf erwacht.

Wisse, dass alle großen, kollektiv-bedeutsamen Ereignisse, die die Welt veränderten, Vorbereitungen benötigten, die über viele Leben reichten und an deren Umsetzung immer zahlreiche andere Seelen mit beteiligt waren. Die Inkarnationen der Menschen, die dann eine Schlüsselfigur spielten, wodurch sie etwas zum Abschluss brachten, was von langer Hand bereits vorbereitet worden war, und einen Zyklus vollendeten, waren nur durch die Zusammenarbeit mit anderen, die niemals Erwähnung fanden, möglich. Sie waren nur wie die Spitze eines Eisbergs, Teil eines Teams, und erfüllten innerhalb des Systems ihre Aufgabe, die nur von ihnen umgesetzt werden konnte. Genauso konnten die Vorbereitungen, die erforderlich waren, nur von jenen gemacht werden, die dafür bestimmt gewesen waren.

Der Erfolg, die Tat, das Geschenk, die Besonderheit eines Menschen ist nie das Werk eines Einzelnen, sondern immer das einer Gemeinschaft, einer Gruppe, eines Kollektivs. Das ist auch heute noch so und hat nach wie vor Gültigkeit. Deshalb ist es wichtig, dass Menschen das wieder zu sehen und zu ehren beginnen. Der Kosmische Mensch ist sich dessen bewusst und weiß darum. Jeder Mensch ist wie ein Zahnrädchen eines großen universalen Uhrwerks. Nur durch das ständige Ineinandergreifen der einzelnen Rädchen ist die Bewegung des Ganzen (= Universum) möglich. So war und ist auch Maria Magdalena Teil einer größeren Familie, einer Linie, die alle den Christussamen bewahrten, bis sie den Magdalena-Kode, nicht für sich, sondern für die Gemeinschaft und die Menschheit, öffnen konnte. Er ist bis zum heutigen Tag aktiviert und wird es weiterhin bleiben.

Die Knospe des Magdalena-Kodes, die zum Erblühen gebracht wurde, entfaltet ihre Blüte nach wie vor weiter. Nun ist es in deinen Händen und in deinem Herzen, dieses fortzusetzen und die Magdalena-Linie fortzuführen. Wisse, dass es dabei zwei Ebenen gibt: eine biologische und eine energetisch-spirituelle. In unserem Verständnis sind beide gleichwertig. Der biologische Teil entsteht über die Erbfolge, der energetisch-spirituelle über den rubinrotgoldenen Strahl. Das Blut ist mit ihm verbunden. Wenn du dich mit ihm vereinst, hast du Zugang zu allen Blutströmen, die jemals in den Adern von Menschen flossen, fließen und noch fließen werden. So wird die Magdalena-Linie zu deiner Linie. So wird der Magdalena-Kode zu deinem, den du bewahren und weiter entfalten darfst, für dich und das Kollektiv der Menschheit. So trittst du in Maria Magdalenas Fußstapfen und setzt ihr Lebenswerk fort.

Wir sind Nada. Wir bitten dich, unsere Worte in deinem Herzen zu bewegen. Wir danken dir. Der rubinrotgoldene Strahl segnet dich. Sei gesegnet. Jetzt und allezeit. Amen.

Was ist Liebe?

Wir sind Nada. Segen und willkommen, geliebte Tochter, geliebter Sohn des Lichts, die und der du uns bist. Wir möchten über das Wesen der Liebe sprechen. Wir sagten bereits mehrmals, dass Liebe kein Gefühl, sondern ein bewusstes Sein als auch ein Bewusstsein ist. Es ist, ebenso wie alles andere, was existiert, ein Schwingungsfeld. Du kannst darin eintreten, in ihm verweilen, dich mit ihm umgeben und es um dich aufbauen. Das ist deine Wahl. Du kannst dich für die Liebe entscheiden. Wir bitten dich, dieses so oft wie möglich zu tun. Dich für die Liebe zu entscheiden bedeutet, dich für dein Herz zu entscheiden. Denn die Liebe wohnt in deinem Herzen. Von hier aus kann sie die Gesamtheit, die du bist, durchdringen. In deinem Herzen ist sie zu Hause.

Dich für die Liebe zu entscheiden heißt, in deinem Herzen zu sein, in ihm zu leben und aus ihm heraus zu handeln, zu denken, zu fühlen, zu begegnen und zu sein. So sind die Ausdrucksformen deiner Liebe Ausdruck deines Herzens. Liebe kann sich über Güte, Zärtlichkeit, Achtsamkeit, Respekt, Barmherzigkeit, Frieden, Freude, Mitgefühl, Gnade und vieles andere äußern. Es sind keine Gefühle, die deinem Emotionalkörper entspringen, sondern Herzensempfindungen. Es sind Seelenqualitäten, die Bewusstsein und Bewusstseinsfelder schaffen.

Alle Herzensempfindungen sind neutral. Sie lassen dich

ruhig sein und in dir ruhen. Du bist dabei in dir und gleichzeitig mit allem, dem du dich zuwendest, verbunden. Du spürst dein Herz und seine Weite und bist dennoch emotionslos. Je mehr deine Ängste vor der Liebe schwinden, desto entspannter und freier wirst du dich wahrnehmen können, desto mehr Liebe kannst du annehmen, empfangen und deshalb auch spüren.

Liebe an sich ist immer und gleich viel da, unabhängig davon, wie du es empfindest. Sie ist im Überfluss, unendlich viel vorhanden. Doch je öfter du dich für die Liebe entscheidest, desto mehr lösen sich deine Widerstände auf, die dir sagen, dass es keine oder für dich keine Liebe gibt. Dadurch ziehst du tiefer in dein Herz ein. Je häufiger du in deinem Herzen bist, desto mehr Liebe kannst du spüren. Dabei hast du das Gefühl, dass die Liebe wachsen würde. Doch das kann sie eigentlich nicht, weil sie immer unendlich da ist. Nur dein Einlassen, dein Erleben und dein Empfinden verändern sich, und daraus baut sich das Schwingungsfeld der Liebe auf. In diesem bist du, es umgibt dich, und du stellst es anderen zur Verfügung und schenkst es ihnen.

Liebe hat kein Gegenteil. Denn auch hinter jeder Angst, hinter jeder Verletzung, hinter jedem Kampf, hinter jeder Ablehnung steht Liebe. Manchmal wird das als eine Sehnsucht nach Liebe empfunden. Doch letztendlich würde es dabei erneut nur um die Entscheidung gehen. Die Entscheidung, Liebe finden, sehen und erfahren zu wollen.

Alles ist von Liebe durchwirkt. Alles ist aus Liebe geboren. Alles kehrt in die Liebe zurück. Liebe hat keinen Anfang und kein Ende. Liebe ist.

Folge der Liebe. Bei allem, was dir begegnet, bei jeder Entscheidung, bevor du sprichst und handelst, halte kurz inne. Ziehe in dein Herz ein. Sei in deinem Herzen. Lass seine Liebe lebendig sein. Entscheide dich für die Liebe. Frage dich immer wieder: Was würde die Liebe jetzt tun? Was würde deine Liebe sagen? Folge ihr. Vertraue deiner Kraft, zu lieben. Wenn du in deinen Morgen startest, dich im Spiegel erblickst, in den verschiedenen Begegnungen des Tages, während du deine Aufgaben erfüllst, wenn du etwas planst, organisierst und umsetzt, wenn du über etwas sprichst, du alleine bist oder mit Menschen, Tieren und anderen Lebensformen, wenn du Musik oder Nachrichten hörst, Filme siehst und Gesprächen lauschst, Zeitungen und Bücher liest – folge dabei deiner Liebe.

Wie geht deine Liebe mit all dem um?

Der Kosmische Mensch ist ein Mensch der Liebe. Der Kosmische Mensch lebt in und aus seinem Herzen und folgt ohne Wenn und Aber der Liebe, die er ist. Sei ein Kosmischer Mensch. Entscheide dich immer wieder für die Liebe. Schaffe Bewusstseinsfelder der Liebe. Sei Vorbild, Leuchtturm und Pionier der Liebe. Der rubinrotgoldene Strahl unterstützt dich dabei, genauso, wie wir dir dienen, damit du in deinem Herzen sein kannst, immer und immer wieder, um der Liebe zu folgen. Liebe ist in und aus deinem Herzen und über dein Herz. Liebe ist eine Wahl – deine Wahl.

Wir sind Nada. Sei gesegnet. Jetzt und allezeit. Amen.

Das Drachennetz der Erde

Vor sehr langer Zeit waren die Drachen die Hüter und Hüterinnen unserer Erde. Sie sind eng mit den Menschen und Gaia verbunden. Unlängst erzählten sie uns von dem Drachennetz der Erde. Es ist wie die Summe von verschiedenen Kommunikationslinien, durch die bestimmte Energiequalitäten wirken, die unseren irdischen Lebensraum halten und bewahren. Die Drachengeschwister sagen, dass es vier Qualitäten gibt, die mit den Elementen verbunden sind.

Luft: Dieser Teil des Netzes wird von den Luftdrachen belebt und betreut. Es befindet sich im aurischen Feld der Erde und ist weiß. (Luftdrachen leben sehr selten auf der Erde. Man kann sie nur in menschenleeren, abgeschiedenen, meistens in hohen Gebirgsketten, deren Gipfel schneebedeckt sind, finden. Viel lieber wohnen sie in den Sternen, vor allen Dingen im Sternenfeld Herkules, kommen von dort zu Besuch und reisen auch gerne wieder zurück.)

Feuer: Um diesen Teil des Netzes kümmern sich die Feuerdrachen, die im Inneren der Erde in Vulkanen und Wüstengebieten leben. Es ist orange-rotgold.

Wasser: Für diesen Abschnitt des Drachennetzes sind die Wasserdrachen zuständig. Sie leben, wie zum Beispiel Nessie, in den Wassern der Erde. Es ist grün-bläulich schillernd.

Erde: Dieser Teil hat zwei Schichten. Eine, die von den grünen Landschaftsdrachen, die in Höhlen und nahe der Erdoberfläche leben, gespeist und genährt wird, und eine, die aus den Lebensströmen und Kundalinikräften jedes Ortes, jedes Dorfes, jeder Stadt, jedes Landes usw. besteht und von den Erdschlangen(drachen) gehütet wird. Es wird dem rubinrotgoldenen Strahl zugeordnet.

Drachenfürsten und Drachenkönige sind Führerdrachen, vorwiegend in den Farben Gold und Schwarz, die in der Zentralsonne geankert sind, von wo aus sie mit uns kommunizieren können.

Für uns sind hier die Erdschlangendrachen von Bedeutung. Sie sind Energieströme, die, wenn sie frei fließen, das Innere der Erde durchziehen und den Regionen und den Menschen, die dort leben, Lebenskraft, Vitalität, Wohlstand und Fülle schenken. Auf diesem Teil des Drachennetzes liegt die Magdalena-Linie auf. Sie ist mit dem Erdschlangennetz in ständigem Austausch. Insofern erden auch die rubinrotgoldenen Erdschlangenlinien das kristalline Christusgitternetz, das um die Erde ist, beziehungsweise erfüllen es mit Lebensenergie.

Wenn wir unsere Wirbelsäule energetisch verlängern, können wir uns darüber an das Erdschlangennetz andocken. Das ist unser Zugang zum Drachennetz und zur Magdalena-Linie. Gleichzeitig geht unsere Kundalinienergie damit in Resonanz. Das heißt, sie wird darüber genährt. Wir erweitern unsere Mitschöpferkraft in der Materie beziehungsweise erhalten ein größeres Verständnis für ihre und somit für unsere Möglichkeiten und kosmischen Zusammenhänge. Vor allen Dingen bei Erdheilungen ist das Zusammenwirken mit den Drachengeschwistern und dem Drachennetz der Erde empfehlenswert und hilfreich.

Die rubinrotgoldene Drachenkraft

Wir sind Nada. Wir grüßen dich, geliebtes Kind des Lichts. Wir segnen dich im Namen des rubinrotgoldenen Strahls, der dich berührt, durchströmt und einhüllt. Jetzt.

Wir laden dich zu einer Reise ein. Wir nehmen dich an die Hand und führen dich durch einen uralten mystischen Wald zu einer Höhle. Atme tief ein und aus, bevor du sie mit uns betrittst. Wir bringen dich sicher durch die Dunkelheit, tiefer und tiefer in den Schoß der Erde.

Wir kommen in einer unterirdischen Kammer an. Hier halten wir inne. Wenn du ganz still bist, kannst du den Atem und den Herzschlag des großen Wesens wahrnehmen, das mit dir ist. Frieden breitet sich um dich und in dir aus. Du bist willkommen.

Das mächtige Geschöpf erhebt sich. Es ist ein rubinrotgoldener Drache. Er betrachtet dich intensiv, bevor er beginnt, zu dir zu sprechen. Er sagt dir, dass er dich schon erwartet hat und stellt sich dir als dein Erdungsdrache vor. Nimm wahr, dass er seinen feurigen Atem in dein Basiszentrum lenkt. Er belebt es, gleicht es aus und erweitert es, sodass sich darüber sowohl deine Erdverbindung als auch das Wissen um die Wirkung des rubinrotgoldenen Strahls in dir vertieft. Weiterhin lässt er seinen Feueratem in deine Basis strömen.

Atme bewusst ein und aus. Sei mit deiner Aufmerksamkeit bei deinen Wurzeln. Wenn dein Basiszentrum von Lebenskraft und Lebensenergie erfüllt ist, breitet sich das Drachenfeuer weiter in dir aus. Es erhellt den Tempel deines Sakralzentrums, in dem die Flamme deiner Lebendigkeit und Lebensfreude lodert. Mit dieser vereint sich die Drachenenergie und bestätigt beziehungsweise intensiviert dein inneres Feuer. Das Gleichgewicht der Kräfte nimmt Raum und durchwirkt gemeinsam mit der daraus resultierenden Leichtigkeit des Seins die Gesamtheit, die du bist.

Das Drachenfeuer breitet sich noch mehr aus. Deine innere Sonne bekommt zusätzliche Strahlkraft, dein Herz neuen Mut, dein Kommunikationszentrum die Kraft, sich auszudrücken, dein Drittes Auge die Klarheit, deine Visionen zu sehen, dein Kronenzentrum einen freien Energiefluss und eine verstärkte Verbindung zum Kosmos. Das Drachenfeuer nährt die Gesamtheit, die du bist, regeneriert dich und füllt dich mit neuer Lebenskraft und Lebensenergie.

Wenn du satt und stabil bist, segnet dich die Drachenenergie. Ihre Intensität lässt nach, und dann löst sie sich sanft aus und von deinem System. Dein Drachenbegleiter lädt dich ein, mit deiner Aufmerksamkeit zum Ende deiner Wirbelsäule zu gehen. Spüre, dass von dort eine energetische Verlängerung tief hinein in Gaia führt. Sie reicht bis zum Erdschlangennetz. Darüber ist sie mit allen Lebensströmen der Erde vernetzt. Fühle die pulsierende Lebensenergie und Schöpferkraft, die über die energetische Wirbelsäulenver-

längerung dein System berühren und so für dich klar und deutlich spürbar sind.

Atme tief ein und aus. Lege deinen Fokus auf dein Kreuzbein, auf deine Schöpfer- und Schöpferinnenenergie. Sie vibriert und antwortet. Sie lässt sich auf das Pulsieren ein, das sie aus den Tiefen Gaias erreicht, und beginnt sich auszudehnen. Über die energetische Verlängerung der Wirbelsäule vereint sie sich mit den Erdschlangenkräften im Inneren der Erde. Sie steigt über deinen Wirbelsäulenkanal bis über deinen Scheitel zu deinem wahren Wesen auf und durchdringt darüber die Gesamtheit, die du bist. Jetzt bist du reine, fließende, strömende, pulsierende Schöpferinnen- und Schöpferkraft – durch und durch. Das macht dich weit und deine Basis stabil, sodass du das Potenzial, das aus diesem Energiestrom erwächst, leicht auf die Erde bringen und in und für die Materie lenken kannst.

Verweile in diesem Fließen, solange du möchtest. Dein Erddrache begleitet dich dabei. Dann atme tief ein und aus. Lass die Energien wieder zur Ruhe kommen. Fokussiere dich auf dein Kreuzbein, um deine Schöpferinnen- und Schöpferenergie zu zentrieren. Dadurch bekommt dein System die Möglichkeit, alles, was es berührt hat, zu verarbeiten und zu integrieren. Die energetische Verlängerung deiner Wirbelsäule löst sich wieder auf, um dir zu dienen, wann immer du sie erneut für die Vernetzung mit den Erdschlangenlinien aufbauen möchtest.

Der Drache bittet dich, mit ihm noch einige Augenblicke in der stillen Kommunikation zu verweilen. Wenn du möchtest, kann er mit dir seine Höhle verlassen, um von nun an, ähnlich einem Krafttier, an deiner Seite zu sein und dich zu begleiten. Denn er ist dein Erdungsdrache und dient dem rubinrotgoldenen Strahl. Wenn du seine Begleitung willst, nennt er dir jetzt seinen Namen.

Atme bewusst ein und aus. Nada berührt dich sanft an der Schulter und lädt dich ein, dich nun aus dem Inneren der Erde zu verabschieden. Sie führt dich erneut, entweder in Begleitung deines Drachens oder ohne ihn, Stück für Stück zurück an die Oberfläche, wo sie mit dir durch den Höhleneingang in den mystischen Wald kommt. Falls dein Erdungsdrache im Schoß von Gaia geblieben ist, ruht er sich nun aus und wartet, bis du einen neuerlichen Impuls verspürst, ihn zu besuchen. Er ist für dich da.

Nada bringt dich aus dem Wald zurück in deinen Raum, in deine Zeit, in deinen Körper. Sie bittet dich, dich wahrzunehmen und dem Energiefluss zu lauschen. Spüre den Veränderungen, die durch die Begegnung mit deinem Drachen entstanden sind, nach. Möglicherweise fühlst du auch den Erdungsdrachen an deiner Seite.

Nada dankt dir. Das rubinrotgoldene Licht der allumfassenden Liebe segnet dich. Sei gesegnet. Jetzt und allezeit. Amen.

Der sechste Strahl

Wir sind Nada. Wir grüßen und segnen dich, geliebtes Kind des Lichts. Es ist uns eine große Freude, zu dir sprechen zu dürfen. Wir möchten dir noch mehr über den rubinrotgoldenen Strahl erzählen. Er ist der sechste innerhalb der zwölf kosmischen Strahlen. Die Zahl sechs hat eine wichtige Bedeutung. Sie beschreibt die Entfaltung der Liebe und die Entwicklung des Herzens beziehungsweise die Entwicklung zum Herzensmenschen. Die Ziffer steht für die wahre Liebe, die aus dem Gleichgewicht der männlichen und weiblichen Kräfte entsteht. Sie sagt, dass der Weg dorthin über die Liebe zu dir und zu anderen Menschen und Geschöpfen zu einer göttlichen Liebe führt und somit von einer persönlichen zu einer unpersönlichen Liebe wird. Dadurch erwacht der Mensch. Sein Herzzentrum dehnt sich aus. Er wandelt sich zu einem kosmischen Wesen, und sein Lichtkörper, in Form des Sterntetraeders, aktiviert sich.

Die Sechs ist die Zahl der Merkabah. All das beinhaltet das rubinrotgoldene Licht und fördert es. Wenn Zahlen verdoppelt beziehungsweise vervielfältigt werden, erhöht sich ihre Kraft. Sie potenziert sich. Du könntest daraus pyramidale Formen schaffen, wie zum Beispiel:

6
66
666
6666
66666
666666

Dieses 6er Dreieck bedeutet:

6:
Der Mensch ist im Gleichgewicht der Kräfte.

66:
Der Mensch geht über sich selbst hinaus, öffnet sich und erwacht.
666:
Der Mensch ist von nun an ein Kosmischer Mensch.
6666:
Als Kosmischer Mensch bringt er die göttliche Weisheit in die Materie.
66666:
Der Kosmische Mensch strahlt die göttliche Weisheit über die Materie hinaus aus und teilt sie mit allen Lebewesen.
666666:
Die Erde ist ein Paradies.

Wann immer du diese Zahlenpyramide, die nur eine von vielen verschiedenen Varianten darstellt, aufzeichnest oder mit ihr meditierst, strömen diese Botschaften aus und erfüllen Gegenstände, Räume und Körper, je nachdem, was sie berühren und wo sie wirken dürfen.

Wir laden dich ein, dich immer wieder auf unterschiedliche Arten mit dem sechsten Strahl zu verbinden und seine Kraft der Liebe für dich und das Wohl des Großen Ganzen zu nutzen. Lass dich von ihm führen. Wir danken dir.

Wir sind Nada. Der sechste Strahl und das rubinrotgoldene Licht segnen dich. Sei gesegnet. Jetzt und allezeit. Amen.

Die weibliche Christuspräsenz erblüht

Wir sind Nada. Wir grüßen dich, geliebtes Kind des Lichts, und wir segnen dich. Sei gesegnet. Das rubinrotgoldene Licht berührt, durchströmt und hüllt dich ein.

Nun kehren wir zum Magdalena-Kode zurück.

Komme mit deiner Aufmerksamkeit erneut zu deinem Blut. Fühle es in dir fließen und pulsieren. Lausche seiner Lebendigkeit und seiner Botschaft des Lebens. Nimm wahr, wie sich der rubinrotgoldene Strahl mit deinem Blutsaft zu vereinen beginnt. Er segnet dein Blut und alle seine Speicherungen. Das rubinrotgoldene Licht dehnt sich über deinen Blutkreislauf aus. Es aktiviert die Verlängerung deiner Wirbelsäule und geht über das Erdschlangennetz in die Verbindung mit der Magdalena-Linie. Über diese beiden Netzwerke ist die rubinrotgoldene Energie mit jeder Manifestation von Lebensenergie, mit jedem Lebensstrom, der sich in der Materie bewegt, vernetzt. So ist der rubinrotgoldene Strahl mit allen Blutströmen in Kontakt. Aus der Fülle der Lebenssäfte nimmt das rubinrotgoldene Licht aus der darin enthaltenen Magdalena Blutlinie ein Abbild des erwachten und aktivierten Magdalena-Kodes in sich auf und trägt ihn zurück in dein System. Die rubinrotgoldene Energie integriert den Magdalena-Kode, die entfaltete Christuspräsenz in deinem Blut, in deinem Blutsystem. Jetzt.

Atme tief ein und aus. Nimm diese bewusste Aufnahme in die Magdalena-Linie auf deine eigene Art und Weise wahr. Spüre, wie die Frequenz der erblühten weiblichen Christuspräsenz in deinem Blutsystem verankert wird. Wir sagen, dass du dadurch ein aktiver Teil der Magdalena-Linie wirst. Du wirst zu einem Hüter und einer Hüterin dieser Kraft, zu einem Bewahrer und einer Bewahrerin der heiligen Plätze, an denen diese Energie des rubinrotgoldenen Strahls geankert ist. Du wirst zu einem Kosmischen Menschen, der die Christusliebe in seinem Körper und in seinem Herzen erblühen hat lassen, um ihr zu dienen und das, was Maria Magdalena und einige, die ihr folgten, initiiert haben, zu verfeinern und zu vervollkommnen. Du wirst zu einem Gralshüter, einer Gralshüterin, weil du selbst dieser Gral bist. Du bist ein Lenker und eine Lenkerin des rubinrotgoldenen Strahls und dessen Vereinigung mit der kristallinen Kraft des Christus, wodurch du in die Thronenergie erhoben wirst, um gemeinsam mit den Chören der Engel im Lobpreis der Quelle zu leben und zu sein.

Wir bitten dich, tief ein und auszuatmen. Jetzt. Beobachte den Energiefluss, der in dir ist. Erlaube, dass sich durch den Magdalena-Kode in deinem Blutsystem, durch die aktivierte weibliche Christuspräsenz, dein Herz weitet. In ihm erblüht die Christusrose der Liebe, die sich bis in die Unendlichkeit ausdehnt und sagt, dass du ein liebender Schöpfer, eine liebende Schöpferin in der Materie bist. Durch das Licht dieser Rose, die ebenso ein Symbol für die erwachte Christuspräsenz ist, verändert sich die Gesamtheit deines Systems. Bisher verborgen gebliebene Lichtinformationen deiner Zellen werden lebendig und aktivieren sich. Das Leuchten in deinem Körper nimmt zu, der Lichtquotient in deinen Zellen potenziert sich. Es ist ein Moment der Gnade und der tiefen Erneuerung. Ein Neubeginn. Es findet ein großes Erwachen statt, das dich dein wahres Sein erkennen lässt und dich weiter in den neuen Morgen führt, in die Fünfte Dimension bringt.

Erlaube dir, bewusst zu atmen. Spüre den Energiefluss, der in dir ist. Deine weibliche Christuspräsenz ist erblüht. Dein Magdalena-Kode ist aktiviert. Du bist Teil der Magdalena-Linie. Du bist Teil des Weges der Liebe, den sich die Menschheit vor langer Zeit gemeinsam entschieden hat zu gehen. Jetzt und solange du dieses möchtest. Du trägst, ankerst und lenkst über dein System den Lichtkörper Gaias, das kristalline Christusgitternetz der Erde. Du bist einer der Meister und der Meisterinnen der Evolution. Werde dir dieser Bedeutung bewusst. Werde dir der Zusammenhänge gewahr. Wisse, dass alles miteinander verbunden ist. Jetzt und allezeit.

Bewege deine Erfahrung und unsere Worte in deinem Herzen. Lass sie zur lebendigen Wahrheit werden. Begreife und integriere sie. Der rubinrotgoldene Strahl zieht sich zurück und segnet dich. Wir danken dir.

Wir sind Nada. Wir segnen dich. Sei gesegnet. Jetzt und allezeit. Amen.

Verjüngung der Zellen I

Wir grüßen dich, geliebtes Kind des Lichts. Wir sind Nada und segnen dich im Namen des rubinrotgoldenen Strahls. Wir erinnern dich daran, dass du als Seele, die du bist, ein ewiges, zeitloses Wesen bist. Deine Seele hat, selbst wenn sie als „alt" bezeichnet wird, weder Falten noch irgendwelche sogenannten Alterseinschränkungen oder -gebrechen. Deshalb laden wir dich ein, dich sooft wie möglich als Seele wahrzunehmen, in und aus deiner Seelenebene heraus zu leben und Seele zu sein. Erneut ist der Schlüssel dazu, über dein Herz in Kontakt mit deinem göttlichen Funken, deinem Hohen Selbst, zu sein. Je häufiger du dich als Seele erfährst und erkennst, dass dein Körper dein wundervolles Reisevehikel ist, desto mehr überträgt sich diese Zeitlosigkeit auf ihn. Vieles von dem, was du bis dahin in deinem Körper als belastend empfunden hast, relativiert sich und löst sich dabei auf.

Das Einssein mit deiner Seele regeneriert, erleichtert und verjüngt die Materie, die du bewohnst. Wisse, dass es tatsächlich darum geht, dass du letztendlich so alt bist, wie du dich fühlst. Das heißt, dein Körper reagiert darauf. Weil er dir ein treuer Diener ist und es dir immer recht machen möchte, versucht er, diesem zu entsprechen. Deshalb ist es für dein Wohlbefinden wichtig, dich immer wieder, vorausgesetzt du möchtest es, jung zu fühlen. Daraus ergeben sich die Fragen: Was lässt dich jung fühlen? Wann fühlst du dich jung? Wie kannst du dich jung fühlen? Bei den Antworten geht es um die Weisheit deines Herzens, denn wir sprechen hier nicht von Abhängigkeiten und Glaubensmustern, die in dir sind und dir vorgaukeln, was du möglicherweise alles brauchst, um dich jung zu fühlen. Die wahren Impulse deines Herzens sind immer von Freiheit erfüllt.

Wenn du deinen Tag beginnst und dich fragst, wie jung du dich heute fühlst, hast du eine sehr lange Zahlenreihe zur Verfügung, die bei 0 beginnt und nicht begrenzt sein sollte. Sonst würdest du dich nur einschränken, und Begrenzungen machen, erlaube diese Bezeichnung, „alt". Da, wo eine Grenze ist, wird der Lebensfluss gestoppt, und das ist der eigentliche Grund des Alterns. Wir bitten dich, nicht mehr nach dem Alter eines Menschen zu fragen und auch den Begriff „alt" (im Sinne von „ich bin xxx Jahre alt") nicht mehr zu verwenden.

Wir laden dich ein, der Wirkung und der Manifestationskraft der Worte selbst nachzuspüren. Schließe kurz deine Augen. Dann sage zuerst beispielsweise: „Ich bin 80 Jahre alt." Fühle, was dieses mit dir macht. Atme tief ein und aus und lass deine Eindrücke los. Dann sage: „Ich bin 80 Jahre jung." Spüre erneut, was sich dadurch in dir bewegt. Dann atme auch dieses Empfinden wieder aus.

Du kannst dich also jeden Tag für ein für dich stimmiges Jungsein entscheiden. Deine Wahl kann sich auch im Laufe der Stunden verändern. Dabei ist jede Zahl willkommen. Vielleicht startest du morgens mit gefühlten 60 jungen Jahren, während des Vormittages fühlst du dich 35 Jahre jung, nach einer Anstrengung am Nachmittag empfindest du dich 105 Jahre jung und am Abend 23 Jahre jung. Dieses Pendeln ist ein Ausdruck von Lebendigkeit und Flexibilität. Dadurch spielst du mit den Zahlen und dem Jungsein.

Prägungen entstehen durch Wiederholungen, wenn du immer wieder das Gleiche tust, sagst, denkst, fühlst und bist. Erkenne und begreife. Deinen Geburtstag solltest du – allein oder mit anderen gemeinsam – zelebrieren, und zwar auf eine Art, die DIR Freude bereitet. Dabei feierst du deine Geburt in dieses Leben, deine Ankunft auf Gaia und dein Menschsein. Es ist ein Freudentag und ein Freudenfest. Und du kannst auch, wenn du es möchtest, selbst entscheiden, das wievielte Geburtstagsfest du feierst. Nur weil du, linear betrachtet, letztes Jahr 59 Jahre jung geworden bist, brauchst du dich jetzt nicht als 60 Jahre jung zu bezeichnen.

Erneut bitten wir dich, mit den Zahlen zu spielen. Du bist ein holistisches Wesen. Du bist alles gleichzeitig. Erkenne, es geht um die Freude. Denn diese lässt dich leicht sein. Leichtigkeit ist Lebendigkeit, und das wiederum ermöglicht es dir, dich jung fühlen zu können. Wenn du dieses Spiel aus Angst spielen möchtest, weil du dich vor dem Älterwerden fürchtest, wird es nicht funktionieren. Denn die Angst zieht das an, wovor sie sich fürchtet. Sie macht abhängig und nicht frei. Wir sprechen hier von einem reinen, göttlichen Umgang mit diesem Thema. Du kannst also flexibel sein, was die Anzahl deiner Erdenjahre betrifft. Dein Körper wird dir voller Freude folgen.

Jugendlichkeit und Jungsein strahlen von innen nach außen. Das Leuchten wird von deinem Inneren Kind erzeugt. Durch den liebevollen, achtsamen und kreativen Austausch mit ihm fühlst du dich ebenso jung und begeisterst dich immer wieder für Neues.

Halte jetzt kurz inne. Atme tief ein und aus. Richte deine Aufmerksamkeit auf eine deiner Zellen. Gehe mit ihr in Kontakt. Durch die Zuwendung, die du ihr schenkst, füllt sie sich mit Lebensenergie auf. Sie pulsiert, ist vital und lebendig. Erlaube, dass sie sich wohlfühlen und glücklich sein darf. Dieses Empfinden gibt sie an die anderen Zellen weiter. Die Gesamtheit deines Körpers beginnt auf diese Art und Weise zu leuchten. Vielleicht huscht dabei ein Lächeln über dein Gesicht? Dein Herz weitet sich. Das Licht deiner Seele breitet sich in dir aus und wird eins mit dem Strahlen deiner Zellen und mit der Gesamtheit, die du bist. In diesem Leuchten verweile.

Wie jung fühlst du dich jetzt? Vielleicht hat es aber auch keine Bedeutung mehr, weil du zeitlos bist. Bleibe in diesem Strahlen, solange und sooft du möchtest. Erde und zentriere dich in und mit dieser Energie immer und immer wieder. Erlaube dir, jung zu sein. Jetzt und allezeit. Wir segnen deine ewige Jugendlichkeit.

Wir sind Nada. Sei gesegnet. Amen.

Verjüngung der Zellen II

Wir sind Nada. Segen und willkommen, geliebtes Kind des Lichts, das du uns bist. Erlaube uns, einen Nachtrag zu machen. Natürlich kannst du auch aktiv mit deinen Zellen und somit mit deinem Körper kommunizieren, um deine Jugendlichkeit zu fördern.

Dazu entspanne dich. Atme tief ein und aus. Richte deine Aufmerksamkeit auf deinen physischen Körper. Gehe in Kontakt mit deiner Hirnanhangdrüse. Lass dabei das rubinrotgoldene Licht der Liebe fließen und dich begleiten. Danke deiner Hypophyse für ihren Dienst. Stelle ihr das rubinrotgoldene Liebeslicht zur Verfügung, sodass sie sich von allen Verdichtungen befreien kann und hell strahlend, leicht, licht, vital pulsiert. So kann sie ihre Aufgabe als große Organisatorin innerhalb des Hormonsystems wunderbar und zu deinem Wohl erfüllen.

Gemeinsam mit dem rubinrotgoldenen Strahl gibt sie ihre Weisheit, ihr Leuchten und ihr frisches Pulsieren an die anderen Drüsen weiter. Auch sie können, eine nach der anderen, ihre Schwerfälligkeit ablegen und voller Fröhlichkeit und Lebensbejahung wirken: die Zirbeldrüse, die Schilddrüse, die Thymusdrüse, die Bauchspeicheldrüse, die Nebennierenrinden, die Keimdrüsen – alle leuchten und produzieren ihre Hormone und Stoffe so, dass du dich rundum wohl, energiegeladen und jung fühlst. Deine Gelenke sind und bleiben beweglich, deine Knochen kraftvoll, deine Haut elastisch, deine Haare und Nägel stark und dein Emotionalfeld im Gleichgewicht. Dein Stoffwechsel ist aktiv und dein Immunsystem in Harmonie.

Das rubinrotgoldene Licht fließt, dankt und liebt. Verweile in diesem Wunderwerk deines Drüsen- und Hormonsystems. Nimm wahr und visualisiere seine für dich optimale Funktionsweise. Deine Drüsen geben ihre Informationen des freien, reibungslosen Miteinander-Wirkens, ihr Strahlen, ihre Vitalität und das Ausgerichtet-Sein auf die göttliche Harmonie und Ordnung an alle Organe und somit an die Gesamtheit deines Körpers weiter. Alle Körperzellen werden leicht und licht. Sie lassen mögliche disharmonische Energien los und erfreuen sich ihrer Lebenskraft.

Stell dir vor, wie jede einzelne deiner Zellen gesund und glücklich ist, wie sie lacht und vor Lebensfreude strotzt. Verweile in der Wahrnehmung, dass dein Körper lichtdurchströmt ist. Spüre, dass alle Körpervorgänge harmonisch und vital sind, dass du dynamisch und jugendlich bist. Erlaube dir, dich jung zu fühlen – durch und durch.

Das rubinrotgoldene Licht begleitet dich weiterhin. Seine Liebe durchströmt dich. Bleibe in der Wahrnehmung, dass dein Körper kraftvoll, regeneriert, vital, glücklich und gesund ist. Möge diese Vision Wirklichkeit sein. Jetzt und allezeit. Der rubinrotgoldene Strahl segnet dich. Wir segnen dich.

Wir sind Nada. Sei gesegnet. Amen.

Zwiesprache mit Gaia

Geliebtes Kind des Lichts, das du uns bist, sei gesegnet. Wir sind Nada und laden dich ein, uns zu begleiten.

Wir führen dich an einen Strand, wo ein altes Haus, eine alte Hütte steht. Erlaube dir einzutreten und der Frau, die darin lebt, zu begegnen. Es ist Gaia. Sie begrüßt dich und heißt dich willkommen. Nimm wahr, dass sie ihre Gestalt verändert. Sie zeigt sich dir als junges Mädchen, als schöne, kraftvolle Frau, als liebende Mutter, als weise Alte. Sie hat so viele Facetten. Dann wählt sie die Form, die für dich im Moment stimmig und annehmbar ist.

Gaia berührt dich und bittet dich, ihr dein Herz auszuschütten. Alles, was dich bewegt, was du dir wünschst, was dir schwerfällt anzunehmen, wie es dir in deinem Leben hier auf der Erde geht. Du kannst ihr alles sagen: deine Hoffnungen, deine Sorgen, deine Träume und auch alles, wofür du dankbar bist. Gaia hört zu. Sie nimmt es an und auf. Sie bestätigt und tröstet dich und wandelt das, was du nicht mehr benötigst und dich belastet. Sie ermutigt und lobt dich. Sie dankt dir. Sie nährt dich, hält dich, trägt dich und liebt dich.

Dann laden wir dich ein, Gaia zu lauschen. Jetzt erzählt dir die Erde von ihren Träumen, teilt ihr Wissen und ihre Weisheit mit dir und sagt dir, was sie sich von dir wünschen würde. Lass ihre Worte auf dich wirken. Verweile noch ein wenig in dieser Zwiesprache, die dich stärken, motivieren und aufbauen möchte. Wisse, dass Gaia deine Mutter, deine Groß- und Urgroßmutter, deine Geliebte, deine Freundin und deine Tochter ist. Sie ist ein Ausdruck der Großen Göttin. Gaia ist eine Göttin. Wann immer du mit ihr kommunizierst, erinnere dich daran. Die Erde ist geduldig, ist verständnisvoll und liebt die Menschen bedingungslos. Wenn diese unachtsam und lieblos mit ihr sind, ist Gaia traurig, doch nicht weil sie durch das menschliche Verhalten verletzt wurde, sondern weil sich die Menschen damit selbst wehtun. Gaia möchte, dass ihre Kinder glücklich sind. Die Erde ist als die Göttin, die sie ist, eine Manifestation der göttlichen Liebe. Es gehört mit zu ihren Aufgaben, ihre Kinder lieben zu lehren. Deshalb lebt sie es vor. Das ist auch der Grund, warum es auf und mit ihr so viele verschiedene Lebensformen gibt. Der Planet ist ein großes Übungsfeld der Liebe.

Wir, Nada, bitten dich, der Erde und all ihren Schöpfungen und Wunderwerken in Dankbarkeit zu begegnen. Gemeinsam mit dem rubinrotgoldenen Strahl und in der Verbindung mit deiner Schöpferkraft erschaffen wir an diesem Strand, an dem du mit Gaia bist, eine Insel der Liebe. Jetzt. Auf diese kannst du dich zurückziehen, um zu fühlen, was die Erde in ihrer göttlichen Essenz und somit wirklich ist und wie du ihren Geschöpfen und dem Leben an sich dienen kannst. Hier ist der Ort, an dem du dich mit der Göttin Gaia austauschen kannst, wann immer du möchtest. Wisse, dass ihr ein Team seid, das gemeinsam die Fünfte Dimen-

sion sichtbar werden lassen soll. Hier auf dieser Insel der Liebe kannst du auch allen Aufgestiegenen Meistern und Meisterinnen, allen Engeln und sonstigen Lichtgeschwistern begegnen, die an der Erschaffung des Paradieses mit beteiligt sind.

Halte kurz inne. Atme tief ein und aus. Tauche in das Schwingungsfeld der Insel der Liebe ein. Spüre, wie sich dadurch alles um dich herum verändert. Du und deine Sichtweisen werden weich und liebend. Sei auf dieser Insel der Liebe, sooft und solange du möchtest. Erlaube dir, dass sich ihre Liebesenergie auf der gesamten Erde verbreitet und Frieden, Freude, Gleichgewicht und Gleichwertigkeit schenkt, sodass alle Menschen Kosmische Menschen sein können und sind.

Gaia ist zufrieden. Sie lächelt. Noch einmal: Es ist ihr größter Herzenswunsch, dass ihre Kinder glücklich sind. Deshalb erlaube dir immer wieder, glücklich zu sein und bei Bedarf die dafür erforderlichen Schritte zu setzen. Die Insel der Liebe ist in deiner Obhut. Lass sie wachsen und sich ausdehnen. Wir danken dir.

Wir sind Nada. Gaia segnet dich. Wir segnen dich. Sei gesegnet. Jetzt und allezeit. Amen

Die 12-Strang-DNS von Gaia

Nada sagt, dass die 12-Strang-DNS der Menschen energetisch aktiviert ist. Unser nächster Schritt ist es nun, diese auf die materielle und zelluläre Ebene zu bringen. Je mehr das geschieht, umso deutlicher wird unser physischer Körper wieder zu dem strahlenden Lichtkörper, der er einst, vor dem Untergang von Atlantis, war. Nada beschreibt, dass jeder der zwölf kosmischen Strahlen einem DNS-Strang entspricht und ihn bildet. Deshalb unterstützt uns das Wirken mit den zwölf Schöpferstrahlen, unser DNS-Potenzial auf allen Ebenen zu entfalten. Das ist Teil des Weges unserer Meisterschaft, auf dem wir uns nach wie vor befinden.

In diesem Kontext bittet uns die Geistige Welt wahrzunehmen, dass Gaias Körper den unseren widerspiegelt. Das heißt, sie lädt uns ein, uns in unseren Meditationen auf die Erde einzulassen. Dabei ist es unsere Aufgabe, uns mit einer Zelle des Erdenkörpers zu verbinden und sie wahrzunehmen. Zuerst dürfen wir sie mit unserer Liebe segnen und zum Leuchten bringen. Dann, sagt Nada, sollen wir sie mit den Schwingungen der zwölf kosmischen Strahlen durchdringen. Unsere Absicht und unsere Ausrichtung dabei ist die Aktivierung von Gaias 12-Strang-DNS, von ihrer feinstofflichen Ebene aus bis hinein in ihre Grobstofflichkeit. Die Lichtstrahlen fließen so lange, bis wir auf unsere eigene Art und Weise spüren, dass die Botschaft im Körper der Erde angekommen ist und sie ihre DNS entwickelt hat. Wir können es unter anderem daran erkennen, dass sich die Erdmaterie verändert hat. Sie wirkt heller, leichter, durchlässiger und lichter. Unser Austausch mit Gaia ist ganzheitlicher und inniger. Das Leuchten der Erde ist intensiver, und ihr aurisches Feld hat sich ebenso gewandelt.

Zusätzlich zu ihrem kristallinen Christusgitternetz, das zu ihrem Lichtkörper gehört, hat sich auch um ihren Körper eine Merkabah gebildet. Wenn wir sie wahrnehmen, ist es für uns eine Bestätigung, dass die 12-Strang-DNS der Erde in der Verbindung mit den zwölf kosmischen Strahlen lebendig ist.

Als Nächstes sollen wir unsere Aufmerksamkeit darauf lenken, dass diese Entfaltung der DNS über die Morphogenetischen Felder auf alle Menschen überspringt. Wir können wahrnehmen, dass jeder, der sein Potenzial lebt, ein Kosmischer Mensch ist. Seine feinstofflichen und physischen Körperebenen sind lichtdurchströmt, sein Lichtkörper strahlt, und seine Christuspräsenz ist sichtbar. Jeder ist erwacht, und gemeinsam mit Gaia lebt die Menschheit in Frieden mit sich und dem Universum. Diese Vision, bittet dich Nada, sooft wie möglich in deinem Herzen entstehen zu lassen. Sie fördert die weitere Evolution der Menschen und der Erde.

Abschließend dürfen wir fühlen, dass sich die Erweiterung der DNS auch in uns manifestiert und umgesetzt hat. Die zwölf kosmischen Strahlen segnen den Erdenkörper und die Körper aller Menschen, die auf Gaia leben. Sie ziehen sich wieder zurück, bereit, uns erneut zu dienen, wann immer wir es möchten. Gaia dankt uns, und wir können die Meditation so abschließen, wie es uns vertraut und für uns stimmig ist.

Nada begleitet uns bei dieser Arbeit über den rubinrot-goldenen Strahl. Ihre Liebe segnet uns. Nada sagt, dass wir unsere Visionen der Neuen Zeit nähren sollen. Sie sind so wichtig. Die aktivierte 12-Strang-DNS ist eine von ihnen. Geben wir ihr Kraft und Lebendigkeit, zu unserem und dem Wohl des Großen Ganzen.

Nada dankt uns und segnet uns im Namen der Liebe, die sie ist. Sei gesegnet. Jetzt und allezeit. Amen.

Du meisterst alle Herausforderungen

Wir sind Nada. Segen und willkommen, geliebtes Kind des Lichts, das du uns bist. Der rubinrotgoldene Strahl begleitet und ermutigt dich, deinen Weg zu gehen. Wir glauben an dich. Wir vertrauen dir. Wir möchten dir Sicherheit, Gewissheit und Mut schenken. Wisse, dass du alle Herausforderungen meistern kannst und meisterst. Stelle dich ihnen und betrachte sie. Schau sie dir genau an. Es gibt nichts, wovor du dich fürchten musst. Du bist ein kraftvolles Wesen und kannst dich über alles hinweg erheben und es mit Riesenschritten übersteigen.

Erlaube dir, deine Herausforderungen zu sammeln und wie ein Päckchen vor dich hinzulegen. Jede einzelne ist ein Geschenk, und gemeinsam liegen sie dir zu Füßen. Du bist frei, und es ist deine Wahl, wie du mit ihnen umgehen möchtest. Wenn du nicht die Energie, die Kraft und die Möglichkeit hättest, deine Herausforderungen zu meistern, wären sie dir nicht begegnet. Wisse, dass du über den rubinrotgoldenen Strahl einen Begleiter hast, der dir sein transformatorisches Licht zur Verfügung stellt, wann immer du es benötigst und es möchtest. Es ist Uriel. Wenn du in Kontakt mit der rubinrotgoldenen Energie bist, kannst du dich an Uriel wenden. Er ist dann an deiner Seite: groß, mächtig, strahlend und bereit, alles, was dich belastet und behindert, mit seiner Kraft der Transformation zu durchdringen.

Nimm wahr, wie sich Uriels Licht in dir, um dich und wo immer du es brauchst und es hinlenken möchtest, ausbreitet. Seine Gegenwart löst alles, was bindet und weniger als Liebe ist, auf. Du kannst dann spüren, wie es leichter wird. Alles, was Uriel berührt hat, verwandelt sich in goldenes Licht. Wenn alles, was du wandeln wolltest, golden erstrahlt, weißt du, dass Uriel seine Aufgabe erfüllt hat. Alles ist transformiert und integriert, so, wie es dem Plan deiner Seele entspricht. Alles ist licht und leicht. Alles ist weit und frei. Alles ist gelöst. Alles ist Liebe, nichts als Liebe.

Dann segnet Uriel dich und zieht sich wieder zurück. Das rubinrotgoldene Licht begleitete dich weiterhin, wenn du es möchtest. Es durchströmt dich, hüllt dich ein und liebt dich. So wisse, dass wir erneut sagen, dass du, wenn es dein Wunsch ist, jede Herausforderung meistern kannst und meisterst. Vertraue dir. Vertraue deiner Seele und lass dich von ihr führen. Deine Seele liebt dich bedingungslos und vollkommen. Erkenne und begreife.

Wir sind Nada. Wir sind mit dir, wann immer du es möchtest. Sei gesegnet. Jetzt und allezeit. Amen.

Die aktuellen Völkerwanderungen

Wir sind Nada. Segen und willkommen, geliebtes Kind des Lichts, das du uns bist. Erkenne, dass sich die Menschheit aktuell in einer Phase großer globaler Veränderungen und Umwälzungen befindet. Die Menschen bewegen sich, sie verlassen ihre Heimat, um zu neuen Ufern aufzubrechen. Das gehört zur Neuen Zeit, und es finden wichtige Neuordnungen statt. Unabhängig von den weitreichenden Herausforderungen, die die derzeitigen Aufgaben mit sich bringen, laden wir dich ein, die Situation der flüchtenden Menschen aus einem erweiterten Blickwinkel zu betrachten. Wir bitten dich, zu verstehen und das Wissen in all das, was nötig ist, um die Integration der Menschen zu fördern, mit einfließen zu lassen, um ganzheitlicher erfassen und handeln zu können.

Jeder Mensch, egal, ob er wandert, reist oder flüchtet, bringt Energien in Bewegung, schafft dadurch Energiebahnen und -linien und vernetzt Systeme. Das alles ist von seinen bewussten und unbewussten Absichten, Einstellungen, Prägungen und Empfindungen gefärbt und erfüllt. Grundsätzlich ist die Begegnung von Menschen unterschiedlichster Herkunft immer die Möglichkeit, sich seinen Ängsten, die Zäune und Schutzmauern um das Herz gebildet haben, zu stellen. Denn in der Neuen Zeit werden sich die Völker vermehrt miteinander austauschen und auch vermischen. Sie werden entdecken, dass sie voneinander lernen und zusammen in Frieden leben können. So werden sie sich auf der einen Seite miteinander verbinden, und gleichzeitig bleibt die eigene, ursprüngliche Kultur lebendig, um von allen gewürdigt und geschätzt zu werden.

Dazu möchten wir ergänzen, dass die Ursprünge der verschiedenen Kulturen und auch Religionen im Frieden und in der Liebe geankert sind. Jene Ausdrucksformen, die dieses nicht widerspiegeln, wurden erst zu einem späteren Zeitpunkt von Menschen entwickelt, um die Angst mehr in den Vordergrund zu stellen. Diese baut Grenzen auf, welche verteidigt werden müssen. Überall, wo Gewalt und Zerstörung die Führung übernommen haben, herrscht im wahrsten Sinne des Wortes die Angst. Das beschreibt in unserem Verständnis keine Ursprünglichkeit einer Kultur, von der wir sprechen, wenn wir diesen Begriff verwenden. Es wird also noch mehr Vermischungen unter den Völkern geben und parallel dazu zu einem Behüten und Bewahren ihrer Wurzeln kommen. Der Grundsatz, auf dem das Miteinander aufgebaut ist, lautet: Jedes Leben, jeder Mensch ist wertvoll und gleichwertig.

Wir bitten dich – unabhängig davon, ob du im direkten oder indirekten Kontakt mit Menschen bist, die ihre Heimat verlassen haben –, Folgendes zu tun: Heiße die Bewegung der Menschen (nicht den Grund, der dazu führte und führt) grundsätzlich willkommen. Sage als Teil der Neuen Zeit „Ja" dazu. Wisse, dass Lösungen für das friedliche Miteinander dann gefunden werden können, wenn alle Menschen – sowohl jene, die gekommen sind, als auch die, die sie aufgenommen haben –, bereit sind, Verantwortung für die Gestaltung ihres Lebens zu übernehmen. Da das einige von ihnen noch nicht gelernt haben, braucht es Vorreiter, die es, auch ohne Worte, vorleben. Es ist wichtig, dass du das weißt, denn du gehörst, da du diese Zeilen liest, zu diesen Vorreitern.

Deshalb bitten wir dich jetzt, in dein Herz zu gehen. Der rubinrotgoldene Strahl unterstützt dich, um es weit zu öffnen. Fühle die Liebe deines Herzens und lass sie überströmen. Berühre mit deiner Liebe die Herzen der Menschen, die in fremden Ländern angekommen sind, die Herzen der Menschen, in deren Umfeld sie nun leben, die Herzen der Menschen, die ihren weiteren Aufenthalt planen und entscheiden, die Herzen jener, die sie zu dem Schritt, zu gehen bewogen haben, und die Herzen derer, die sie zurücklassen mussten. Zu allen lass das rubinrotgoldene Licht strömen. Vertraue der Liebe, die du bist. Bitte die Liebe, die Herzen zu öffnen, damit die Bereitschaft des Weitergehens, der Entwicklung und des voneinander Lernens wachsen und entstehen kann. Diese Liebe verbreite immer wieder über dein Herz zu den anderen Herzen, ohne Wollen, ohne Druck. Die Liebe fließt. Sie berührt. Sie ist. Sie schafft ein Schwingungsfeld, das die Basis für alle weiteren Schritte ist. Erkenne, dass die Emotionalfelder der einzelnen Menschen das emotionale Kleid der Menschheit formen, und das wiederum ist eins mit dem emotionalen Kleid von Gaia. Alle Emotionalkörper bilden zusammen ein gemeinsames Feld. Das bedeutet, dass das, was eine Frau, ein Mann oder ein Kind irgendwo auf dieser Erde fühlt, in dir, in deinem emotionalen Schwingungsfeld, eine Resonanz, eine Bewegung, eine Welle erzeugt. Dadurch wird es zu deiner Empfindung. Meistens geschieht das auf einer subtilen Ebene, die deinem selektiven Alltagsbewusstsein nicht zugänglich ist. Deshalb spürst du es nur selten bewusst.

Die Menschen, die ihre Heimat verlassen haben, tragen viel Angst in ihren Emotionalfeldern. Die Menschen, in deren Länder sie kommen, ebenso. Angst begegnet Angst, wodurch sie sich vergrößert, und zwar nicht nur für die direkt Betroffenen, sondern für alle Menschen dieser Erde. Dadurch entsteht eine kollektive Energiespirale, die Dichte, Schwere und Leid intensiviert und hält. Was benötigt wird, um diesen Kreislauf zu durchbrechen und mit der Weltsituation konstruktiv umgehen zu können, sind Vertrauen, Leichtigkeit und Freiheit.

Deshalb bitten wir dich, Folgendes zu tun:

Erlaube dir, dein wahres Wesen zu verkörpern. Der rubinrotgoldene Strahl begleitet dich. Deine Liebe fließt aus deinem Herzen zu vielen anderen Herzen. Dann lade den Engel der Liebe und Sanat Kumara mit seinen venusischen Schwingungen ein, sich in der Morphogenetik, in den Emotionalkleidern aller Beteiligten und in der Gesamtheit des emotionalen Felds der einen Menschheit, deren Teil du bist, auszudehnen. Bitte sie, die dichten, schmerzhaften Erinnerungen, die Erfahrungen der Zerstörung, der Folter und des Missbrauchs, die Ängste vor der Andersartigkeit und vor dem Fremden, die Dogmen, die Trennung aufrechthalten, und alles weitere, was sich jetzt lösen darf, zu transformieren und in Liebe, Leichtigkeit und Vertrauen zu wandeln. Lass die Energien fließen und wirken, solange es im jeweiligen Moment wichtig und stimmig ist. Wenn der Engel der Liebe und Sanat Kumara ihre Aufgabe erfüllt haben, segnen sie alle Menschen und ziehen sich wieder zurück. So hast du die ersten Vorbereitungen getroffen.

Jetzt geht es weiter. Durch dein bisheriges Wirken hast du Raum geschaffen. Nun beginne, ihn zu füllen. Bleibe in Kontakt mit deinem Herzen und dem rubinrotgoldenen Strahl. Die Liebe strömt weiterhin von Herz zu Herz. Im Namen deiner Mitschöpferkraft fange an, zu visualisieren. Stell dir vor, wie die Menschen lächelnd aufeinander zugehen und sich die Hände reichen. Stell dir vor, dass die Integration für alle Beteiligten leicht ist und alle glücklich und zufrieden leben. Jede Barriere und Hürde wird spielerisch überwunden: die fremden Sprachen werden schnell gelernt und neue Freundschaften geschlossen. Stell dir vor, was auch immer dir dein Herz sagt, was für das liebevolle, gemeinsame Sein wichtig ist. Hier sind dir keine Grenzen gesetzt. Stell dir vor…

Dann achte darauf, dass die Menschen, die ihre Heimat verlassen haben, auch die Möglichkeit bekommen, in diese wieder zurückzukehren, wenn sie es möchten. Deshalb bitten wir dich, Folgendes zu tun:

In der Verbindung mit deinem Herzen und begleitet vom rubinrotgoldenen Strahl richte deine Aufmerksamkeit auf die Länder, Städte und Orte, aus denen die Menschen gekommen sind. Lade Serapis Bey und den weißen Strahl der Reinigung ein, dort alles zu durchdringen und alle Ebenen zu durchströmen. Kläre gemeinsam mit der Geistigen Welt die Stätten von den Energien aktueller Ereignisse, damit sie wieder aufatmen können und ihre Lebensenergien zu pulsieren beginnen. Segne alle Menschen, Tiere und Pflanzen, die dort noch immer leben. Gehe in den Kontakt mit den Naturwesen, den Hüterenergien und den Erdschlangenkräften dieser Plätze. Unterstütze und bitte sie mitzuwirken, dass sich die Disharmonien lösen und göttliche Ordnung und Harmonie wieder Raum nehmen. Visualisiere, wie die Häuser neu aufgebaut sind, schöner denn je, die Vegetation wieder zu wachsen und zu blühen begonnen hat und die heiligen Plätze in ihrem Licht erstrahlen.

Wisse, dass Heiligtümer, die zerstört wurden, nach wie vor ihre Kraft behalten und ihre Energie aufrechterhalten können. Diese kann weiterhin zur Verfügung stehen und genutzt werden. Kreiere neue, wunderbare Lebensräume des Wohlfühlens und Wohlstands. Dann lass die Energien des heilen Seins von dort zu den Basiszentren und den Wurzeln der Menschen, die geflüchtet sind, strömen. So erhalten sie Impulse der Geborgenheit und des Urvertrauens. Das Gefühl der Entwurzelung kann sich auflösen, damit sie sich wieder zu Hause fühlen können. Wenn die lebensbejahenden Energien fließen, übergib die Stätten in die Obhut ihrer energetischen Betreuer. Dann segnet Serapis Bey die neue Klarheit, die Raum genommen hat, und zieht sich wieder zurück. Abschließend bedanke dich bei allen Beteiligten und bringe deine Aufmerksamkeit in dein Sein im Hier und Jetzt zurück.

Eine letzte Aufgabe haben wir in diesem Kontext noch für dich. Einige Menschen streifen auf ihrer Flucht oder noch in ihren Heimatorten ihren physischen Körper ab, und einige der Seelen brauchen Hilfe, um ins Licht gehen zu können. Bei allem, was du tust, sei ohne Mitleid. Mitleid schwächt den anderen und dich. Doch sei im tiefen Mitgefühl und lass dich von deinem Herzen führen. Wann immer Seelen ihren physischen Körper ablegen, rufe die Elohim und Seraphim und beauftrage sie, um die Körper und den Ort des Geschehens einen Lichtkanal zu formen. Bitte weitere Engel hinzu, die den Seelen behilflich sein möchten, diesen Lichtaufzug zu benutzen. Durch deine Mitschöpferkraft können die Engel wirken und die Seelen ins Licht begleiten. Die Engel begleiten sie, und abschließend segnen sie die Seelen, den Platz, die Umstände und dich. Sie ziehen sich zurück und lösen den Lichtkanal auf.

Erlaube, dass der rubinrotgoldene Strahl die Stätte durchwirkt und unzählige Rosenblütenblätter der Liebe darüber streut. Bitte Erzengel Michael dazu, um weiße Tau-

ben des Friedens fliegen zu lassen. Dann schreitet Michael aus, um diejenigen zu trösten, die um die Seelen trauern. Er begleitet sie, solange sie es benötigen und wünschen. Lade die Naturwesen der Region ein, sie wieder mit Lebendigkeit und Lebensfreude zu füllen. Bedanke dich bei allen, die dich unterstützt haben, und löse deine Aufmerksamkeit von dem Platz. Nun hast du alle Aufgaben erhalten. Setze sie immer wieder um. Wir danken dir dafür.

Wir erinnern dich daran, dass du ein Vorbild der Neuen Zeit bist. Verkörpere es auch. Wann immer du Fragen bezugnehmend auf aktuelle Ereignisse hast, zögere nicht, dich mit dem rubinrotgoldenen Strahl und so mit uns zu verbinden. Wir dienen und helfen dir, dem Weg der Liebe zu folgen. Jetzt und allezeit.

Wir sind Nada. Wir segnen dich. Das rubinrotgoldene Licht segnet sich. Sei gesegnet. Amen.

Wandle die Erde zu einem Ort der Liebe

Wir sind Nada. Segen und willkommen, geliebtes Kind des Lichts, das du uns bist. Der rubinrotgoldene Strahl berührt, durchströmt und hüllt dich ein. Wisse, dass seine Botschaft Liebe im Tun ist. Das rubinrotgoldene Licht ist dynamisch, aktiv und voller Tatendrang. Es möchte umsetzen.

Wir laden dich ein, kurz innezuhalten, in dir die Magdalena-Linie zu spüren und die Christusrose in deinem Herzen erblühen zu lassen. So, wie die Magdalena-Linie das kristalline Christusgitternetz der Erde ankert, fühle, dass der aktivierte Magdalena-Kode in deinem Blut, der dich deine weibliche Christuspräsenz in deinem Herzen entfalten lässt, dein rubinrotgoldenes Erbe zum Pulsieren und Strahlen bringt. Gleichzeitig nimm wahr, wie sich dadurch auch um dich, als Teil deines Lichtkörpers, das kristalline Christusgitternetz formt. Es wird über deine Magdalena-Energie und diese über das Erdschlangennetz, zu dem deine Kundalinienergie gehört, geerdet. Erkenne das kosmische Prinzip: Wie innen, so außen.

Des Weiteren nimm wahr, dass dein kristallines Christusgitternetz gleichzeitig eins mit dem von Gaia ist. Auch hier ist keine Trennung möglich, und zusätzlich entfaltet das universale Gesetz seine Wirkung: Wie im Kleinen, so im Großen. So vollenden wir den Kreis, unsere rubinrotgoldene

Reise. Wir sagten, dass der rubinrotgoldene Strahl aktiv sein möchte und ist. Deshalb bitten wir dich, in der Verbindung mit ihm zu handeln, umzusetzen, zu manifestieren, zu empfangen, zu dienen, dich hinzugeben und zu sein. Erinnere dich daran: Die Antwort ist Liebe!

So gehe in dein Herz. Spüre deine Liebe und verströme deine Liebe. Immer und immer wieder. Bedingungslos. Die Veränderungen finden in dieser Zeit im Namen der Liebe statt. Indem du deine Liebe unendlich fließen lässt, wandelst du die Erde. Sie wird zu einem Ort der Liebe. Was auch immer dir begegnet, was auch immer du tust, denkst, sprichst und fühlst: Liebe! Liebe, ohne Wenn und Aber! Aus deiner Liebe heraus schöpfe, gestalte, kreiere und visualisiere! Liebe jeden Tag, jeden Augenblick aufs Neue! Das ist deine größte Aufgabe. Diese Liebe kann alles überwinden, alles (wieder) heil sein lassen. Diese Liebe macht das Gleichgewicht der weiblichen und männlichen Energien sichtbar, wodurch beide im geheilten Ausdruck erfahrbar sind. Die Erde ist eine Manifestation der weiblichen Göttinnenkraft. Deshalb beschreitet jeder Mensch letztendlich den Weg der Shekaina, den Weg der Liebe.

Wir rufen dich auf, in jeder Frau deine Schwester zu sehen. Jeder Mann ist dein Bruder. Gemeinsam webt ihr das Netz und die Vision des Neuen Morgens. Setze die Liebe in deinem Leben um. Lass sie sichtbar, spürbar, greifbar und erfahrbar sein. Teile sie. Verströme die Liebe, die dich durchdringt. Sie kann überfließen und jeden und alles berühren, der und das dir begegnet. Erinnere dich: Du bist die Antwort. Denn du bist Liebe. Deine Innerstes, dein wahres Wesen ist Liebe – nur Liebe. Liebe ist alles, was bleibt, ist Alles-was-ist. Je mehr du dir dessen bewusst bist und es verkörperst, je mehr du Liebe bist – durch und durch –, umso offensichtlicher, deutlicher und schneller machst du die Erde zu einem Ort der Liebe, was in der Verbindung mit dem rubinrotgoldenen Strahl Teil deines Plans, deiner Bestimmung ist. Setze die Magdalena-Linie fort. Wir danken dir. Wir begleiten dich im Namen des rubinrotgoldenen Lichts. Wir segnen dich im Namen der Liebe.

Wir sind Nada. Sei gesegnet. Jetzt und allezeit. Amen.

Danksagung

Auch ich könnte nicht das tun, was ich tue, meine Aufgabe nicht erfüllen, wie ich sie erfülle, und nicht sein, was ich bin, wenn ich nicht viele Wesen um mich hätte, die mich begleiten, tragen, nähren, unterstützen und fördern.

Dazu gehören Elmar, Rowena und Jona, Mara Ordemann, Gaby Heuchemer und der Rest des Smaragd Dream-Teams, Jürgen Heuchemer, meine Freundinnen und Freunde, die zahlreichen Menschen, mit denen ich meine Arbeit teilen durfte und darf, sowie die inspirierenden Lichtgeschwister, die mich führen. Ihnen gebührt ein riesengroßes und inniges Dankeschön aus meinem Herzen.

Möge uns alle das rubinrotgoldene Licht, die weibliche Christuspräsenz und die Liebe segnen, auf dass wir in Frieden und Freude leben und sein können. Jetzt und allezeit. Amen.

Von Herzen,
Ava

Kontaktadressen

Ava Minatti
Rinnerstraße 233
A-6073 Sistrans
Tel./Fax: 0043-512-379204
info@ava-minatti.at
www.ava-minatti.at

Smaragd Verlag e.K.
Mara Ordemann
Neuwieder Straße 2
D-56269 Dierdorf
Tel.: 0049-2689-92259-10
Fax: 0049-2689-92259-20
info@smaragd-verlag.de
www.smaragd-verlag.de

Helia Verlag OHG
Ringstraße 20
D-56564 Neuwied
Tel.: 0049- 2684-850121
Fax: 0049-2631-9530490
info@helia-verlag.de
www.helia-verlag.de

ausZeit Verlag
Jürgen Heuchemer
Schulstraße 8
D-56307 Dürrholz
Tel.: 0049-2684-978981
Fax: 0049-2684-978991
info@auszeit-verlag.de
www.auszeit-verlag.de

Über die Autorin

Als Ava Minatti als Kind den Namen „Atlantis" hörte und erfuhr, dass dieses eine versunkene Stadt im Meer sein sollte, war sie entschlossen, diese zu entdecken. Damals begann ihre Suche nach der Quelle allen Seins, der sie im Laufe der Zeit ein gutes Stück näher gekommen ist.

Nach verschiedenen Ausbildungen sieht sie heute ihre Hauptaufgabe darin, als Botschafterin der Geistigen Welt zu dienen. Unter der Führung von Erzengel Gabriel stellt sie sich der Weißen sowie der Solaren Bruderschaft, den Engelwelten und dem Kleinen Volk zur Verfügung, damit diese durch sie sprechen und ihre Energien übermitteln können.

Sie lebt in der Nähe von Innsbruck, wo sie in Seminaren und Einzelsitzungen anderen Menschen die Möglichkeit bietet, ihrerseits mit der Geistigen Welt in Kontakt zu treten. Sie ist Mutter von zwei Kindern der Neuen Zeit – Rowena und Jona.

info@ava-minatti.at
www.ava-minatti.at